红棉论丛
中共广州市委党校

丛书主编　孟源北

十年嬗变

新时代广州城市更新之路

万　玲/主编

广州新华出版发行集团
广州出版社

图书在版编目（CIP）数据

十年嬗变：新时代广州城市更新之路 / 万玲主编．— 广州：广州出版社，2022.9

（中共广州市委党校红棉论丛）

ISBN 978-7-5462-3504-2

Ⅰ.①十… Ⅱ.①万… Ⅲ.①城市建设—研究—广州 Ⅳ.①F299.276.51

中国版本图书馆CIP数据核字（2022）第175944号

书　　名　十年嬗变——新时代广州城市更新之路
Shi Nian Shanbian—Xin Shidai Guangzhou Chengshi Gengxin Zhi Lu
出版发行　广州出版社
（地址：广州市天河区天润路87号9、10楼　邮政编码：510635
网址：www.gzcbs.com.cn）
出 品 人　柳宗慧
项目统筹　李良婷
项目策划　潘孟良
责任编辑　刘雅丽
责任校对　韦　玮
装帧设计　肖晓文
印刷单位　佛山市迎高彩印有限公司
（地址：佛山市顺德区陈村镇广隆工业区兴业七路九号
邮政编码：528313）
规　　格　787 mm × 1092 mm　1/16
印　　张　14.75
字　　数　235千
版　　次　2022年9月第1版
印　　次　2022年9月第1次
书　　号　ISBN 978-7-5462-3504-2
定　　价　45.00元

《红棉论丛·非凡十年（2012—2022）专辑》

总 序

孟源北

党的十八大以来的十年，是党和国家事业发展中极不平凡的十年，在以习近平同志为核心的党中央坚强领导下，我国全面建成小康社会，开启了全面建设社会主义现代化国家新征程，新发展理念深入人心，经济社会发展和生态文明建设取得了具有里程碑意义的重大成就。进入了中国特色社会主义新时代这十年，必将永载史册。

习近平总书记对广东、广州工作高度重视、亲切关怀、寄予厚望。党的十八大以来3次赴广东考察调研、两次参加全国人大广东代表团审议、多次作出重要指示批示，亲自谋划、亲自部署、亲自推动粤港澳大湾区建设。2012年12月，党的十八大后首次离京考察，习近平总书记就来到广东。总书记表示，这次调研之所以到广东来，就是要到在我国改革开放中得风气之先的地方，现场回顾我国改革开放的历史进程，将改革开放继续推向前进。2018年10月，总书记再次到广东、广州考察调研，要求广州实现老城市新活力，在综合城市功能、城市文化综合实力、现代服务业、现代化国际化营商环境方面出新出彩。

党的十八大以来，广州以习近平新时代中国特色社会主义思想指导一切工作，不忘初心、牢记嘱托，奋力实现习近平总书记赋予广州的使命任务，立足于自身深厚的文化底蕴，秉持敢为人先的改革创新精神，在经济、科技、文化、社会、党建诸领域奋发有为、励精图治。城市综合实力达至历史最好水平，科技创新能级显著跃升，城市面貌和品质焕然一新，民生福祉改善可圈可点，人民安居乐业，社会和谐，生态优美，千年古城焕发出新的活力。广州市地区生产总值从2012年的1.35万亿元跃升至2021年的2.82万亿元，累计增长1.47万亿元，年均复合增速达到8.5%。2012年，全年城镇居民人均可支配收入38054元，全年农村居民人均可支配收入16788元；至2021年，全年城镇居民人均可支配收入74416元，累计增长36362元，年均复合增速达到7.7%，全年农村居民人均可支配收入34533元，累计增长17745元，年均复合增速达到8.3%。人民群众的获得感、幸福感、安全感大大增强。

时代风云激荡，浩浩珠江两畔铺展雄伟历史画卷。在党的二十大即将胜利召开的这个重要节点上，回顾广州在新时代十年中所走过的波澜壮阔历程，呈现广州在新时代十年中所发生的巨变，具有重要意义。

其一，广州新时代十年的改革创新发展实践，深刻反映了习近平新时代中国特色社会主义思想的真理特征，广州所有的拼搏奋进、所取得的成就与创造的经验，均是习近平新时代中国特色社会主义思想在引领党、引领国家、引领时代的具体实践。

其二，广州新时代十年的改革创新发展实践，生动诠释了中国特色社会主义新时代这一重大概念的深刻内涵，丰富和延伸了中国特色社会主义新时代的精神和意义，是中国特色社会主义新时代取得历史性成就、发生历史性变革的重要组成部分。

其三，广州新时代十年的改革创新发展实践，形象展现了理念创新与实践创新相结合的经典案例，在高质量发展、城市治理现代化、打造文化强市以及基层党的建设等重大主题方面，均形成了理论与实践的深刻认识和丰富经验，具有相对完整的体系性与鲜明的示范性。

总之，回顾与总结广州新时代十年践行习近平新时代中国特色社会主义思想的做法经验，展现广州新时代十年丰富多彩的发展变化，可以进一步深化广州城市改革创新发展进程的研究，为我国高质量发展提供城市样本。

基于以上认识，我们在广州出版社的支持下，调研编写出版了《红棉论丛·非凡十年（2012—2022）专辑》，选择从科技创新、城市更新、国有经济、基层民主、文化建设、基层党建等六个方面，进行呈现与建构、分析与总结，以期多角度展示新时代广州在习近平新时代中国特色社会主义思想引领下所发生的深刻变化和取得的辉煌成就。具体专题为《十年飞跃——新时代广州科技创新之路》《十年嬗变——新时代广州城市更新之路》《十年精进——新时代广州国有经济发展之路》《十年砥砺——新时代广州基层民主治理之路》《十年欣荣——新时代广州文化发展之路》《十年笃行——新时代广州基层党建创新之路》。

历史长河从过去奔涌而来，正向未来逐浪而去。让我们与新时代同向同行，全面深入践行习近平新时代中国特色社会主义思想，发挥广州国家中心城市和综合性门户城市引领作用，全面增强国际商贸中心、综合交通枢纽功能，培育提升科技教育文化中心功能，着力建设国际大都市，奋力打造中国特色社会主义城市典范，推动实现老城市新活力、“四个出新出彩”取得新的更大成就。

2022年7月

（作者系中共广州市委党校常务副校长、研究员）

目 录

导论 以城市更新助力城市高质量发展 / 001

一、深刻把握当前城市发展面临的新形势新任务新要求 / 004

二、习近平总书记关于城市更新工作的重要论述 / 007

三、积极稳妥打造城市更新的“广州范例” / 017

第一章 广州对旧村的改造 / 037

一、广州旧村改造的政策变迁 / 038

二、广州旧村改造的模式创新 / 044

三、典型案例：利益整合模式下的金星实践 / 049

四、有序推动旧村改造的政策建议 / 056

第二章 广州对旧城的改造 / 059

一、广州旧城改造中的老旧小区微改造 / 061

二、广州旧城改造中历史文化街区的保护与发展 / 065

三、广州旧城改造的路径优化 / 067

第三章　广州对旧厂的改造／ 073

一、广州旧厂改造的历史沿革／ 074
二、广州旧厂改造的基本特征／ 075
三、广州旧厂改造的典型案例／ 079
四、广州旧厂改造快速发展中遇到的问题／ 082
五、其他城市旧厂改造的经验借鉴／ 084
六、进一步优化旧厂有机更新的政策建议／ 089

第四章　广州对村级工业园的整治提升／ 093

一、广州村级工业园的发展现状／ 094
二、广州村级工业园整治提升的主要经验／ 096
三、典型案例："天河样本"／ 102
四、广州村级工业园整治提升的难点与障碍／ 104
五、进一步推动广州村级工业园整治提升的对策思路／ 106

第五章　广州对专业批发市场的转型疏解／ 111

一、广州专业批发市场的发展历程／ 112
二、广州专业批发市场转型疏解的经验做法／ 116
三、典型案例：芳村茶叶市场的转型之路／ 119
四、广州专业批发市场转型疏解面临的困难和挑战／ 121
五、持续推进广州专业批发市场转型疏解的建议／ 124

第六章　广州对物流园区的整治提升／ 129

一、传统物流园区整治提升的重要意义／ 130

二、传统物流园区整治提升的主要措施 / 133
三、传统物流园区整治提升的主要经验 / 141
四、传统物流园区整治提升面临的挑战 / 143
五、传统物流园区整治提升的对策建议 / 144

第七章　广州对违法建设的治理 / 151

一、广州违法建设的现状及产生原因 / 152
二、广州违法建设治理的主要做法与成效 / 156
三、广州违法建设治理面临的挑战 / 159
四、广州违法建设治理的对策建议 / 163

第八章　广州对黑臭水体的治理 / 171

一、广州黑臭水体治理的基本状况 / 172
二、黑臭水体治理的广州经验 / 175
三、广州黑臭水体治理的典型案例 / 187
四、广州“长治久清”的思路与建议 / 196

第九章　广州对“散乱污”场所的综合治理 / 201

一、“散乱污”场所综合治理相关政策规定 / 202
二、“散乱污”场所综合治理的广州经验 / 208
三、“散乱污”场所综合治理面临的挑战 / 214
四、广州“散乱污”场所综合治理的典型案例 / 219

后　记 / 222

导论

以城市更新助力城市高质量发展

城市是人和资源在有限空间的高度聚集与协同，是一个与传统稳定的乡村地区截然不同的空间形态。《中国大百科全书·社会学》把城市定义为："大量异质性居民聚居，以非农职业为主，具有综合功能的社会共同体。"[①]可见，无论是从人员构成，还是从产业结构及其功能来看，城市与农村相比，都有极大的不同。在我国古代，"城"和"市"其实是两个不同的概念："城"，指为了防卫，用城墙围起来的一座城池或城垣，它更多承担的是一种军事防御功能。而"市"是指集市，是商品交换的场所。后来，随着人类社会的不断发展，城和市逐渐融合，形成了早期城市。如果说古代城市的兴起大多是基于政治和军事原因的话，那么近现代城市的兴盛则更多是基于工商业的发展。特别是工业革命之后，工业化所引致的城市化使得许多城市如雨后春笋般出现，城市的数量、规模和功能与古代相比都发生了巨大的变化。时至今日，我们所看到的城市与古代相比早已天差地别。现代城市已然成为一个国家和地区商业、文化、教育、政治等多方面的中心，对一个国家和地区的发展往往具有决定性的辐射力量和引领作用，已经构成现代国家能力建设的基础，因此，在国家发展战略全局中具有举足轻重的地位和作用。

中国共产党历来重视城市工作。早在1949年3月，毛泽东同志在西柏坡召开的党的七届二中全会上就明确指出："从1927年到现在，我们的工作重点是在乡村，在乡村聚集力量，用乡村包围城市，然后取得城市。采取这样一种工作方式的时期现在已经完结。从现在起，开始了由城市到乡村并由城市领导乡村的时期。所以，党的工作重心要从乡村转移到城市，全党同志必须要用极大的努力学会管理城市和建设城市。"[②]邓小平同志在1950年2月出席中共中央西南局委员会第一次全体会议时也强调："在管理城市和建设城市的许多重大问题上，我们还只有一些零碎的经验，还没

① 中国大百科全书总编辑委员会《社会学》编辑委员会、中国大百科全书出版社编辑部：《中国大百科全书·社会学》，中国大百科全书出版社1992年版，第34页。

② 中共中央文献研究室、中央档案馆：《建党以来重要文献选编（1921—1949）》第26册，中央文献出版社2011年版，第160页。

有系统的经验。因此，各级领导机关应以更多的注意力，加强对城市工作的领导。学会管理城市是西南党的一个重要任务。”[①]20世纪60年代初，随着大规模工业化的兴起，大批农民开始流入城市，仅1957—1960年间，全国城镇人口就从9950万增长到了13070万，城市化率由15.39%增长到了19.75%，城市供给负担明显增加。为加强对城市的集中统一管理并解决当时城市经济生活的突出矛盾，中共中央、国务院先后于1962年9月和1963年10月召开了第一次全国城市工作会议和第二次全国城市工作会议，并对如何做好城市工作做出了一系列部署。1978年3月，国务院又在北京召开了第三次全国城市工作会议。会议制定并出台了《关于加强城市建设工作的意见》，提出了控制大城市规模、发展中小城镇的城市工作基本思路，并首次明确了应提高对城市和城市建设重要性的认识。至此，伴随着改革开放，我国的城市开始进入一个长期稳定发展的时期。

党的十八大以来，以习近平同志为核心的新一届中央领导集体对城市工作给予了前所未有的关注和重视。2013年12月，习近平总书记主持召开了中央城镇化工作会议，并提出了“以人为核心推动新型城镇化建设”的观点，引起了极大的反响。2015年12月20日，在与第三次全国城市工作会议相隔37年之后，习近平总书记审时度势，主持召开了中央城市工作会议，并“套开”中央经济工作会议，规格之高前所未有。在此次会议上，习近平总书记发表了“一尊重、五统筹”的重要讲话。这次讲话不仅明确了做好城市工作的指导思想、总体思路和重点任务，而且还提出了做好城市工作的具体举措，为今后一段时期的城市工作指明了方向、提供了遵循。此后，习近平总书记在考察北京、上海、广州等地期间又陆续针对超大城市治理以及城市病等问题发表了许多真知灼见，这些观点和论述对于我们了解当前城市发展形势，探索符合城市发展规律的更新之路无疑具有重要的指导意义。

---

① 邓小平：《邓小平文选》（第一卷），人民出版社1994年版，第173页。

一、深刻把握当前城市发展面临的新形势新任务新要求

习近平总书记指出："准确把握我国不同发展阶段的新变化新特点，使主观世界更好符合客观实际，按照实际决定工作方针，这是我们必须牢牢记住的工作方法。"①综观我国城市发展历程，不难发现，城市更新已然成为当前以及未来我国城市发展的主旋律之一。

（一）城市化进程显著加快

早在2001年，诺贝尔经济学奖得主、美国哥伦比亚大学教授斯蒂格利茨就曾经预言：世界将有两大事件会给21世纪的人类社会带来深刻影响，一件是以美国为代表的新技术革命，另一件是中国城市化运动。可见，我国的城市化问题已成为一个全球瞩目的问题。所谓城市化，简单地说就是指农村人口向城市转移的过程。中华人民共和国成立初期，我国的城镇人口只占总人口的10%左右，数量只有5000多万人。1978年，我国的城镇人口数量虽然达到了1.7亿，但占总人口数量的比例仅为17.92%。也就是说，我国以农业和农村人口为主的农村型社会结构并没有发生根本性的变化。而经过40多年的改革开放，到了2021年，我们看到，这一比例达到了惊人的64.7%，城镇人口数量超过了9.1亿。也就是说在这40多年里，我国的城市化率提高了约47个百分点，城镇人口增加了7亿多（见图0-1），这意味着中国已经从一个农村型社会变成了实实在在的城市型社会。与此同时，2014年10月，国务院对城市规模划分标准也进行了调整，在原有基础上，将城市划分为五类七档，增设了超大城市类型，按照新的标准，据第七次全国人口普查结果，我国城区常住人口超千万的超大城市有上海、北京、深圳、重庆、广州、成都、天津，广州排在第五位（见图0-2），这也标志着我国的城市发展进入了一个全新的历史阶段。

① 2015年1月23日，习近平在十八届中央政治局第二十次集体学习时的讲话。

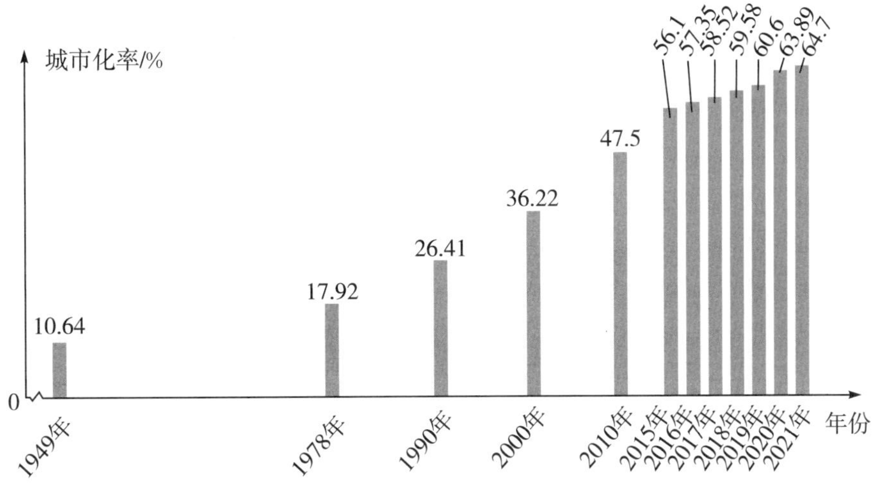

图0-1　1949—2021年我国城市化率

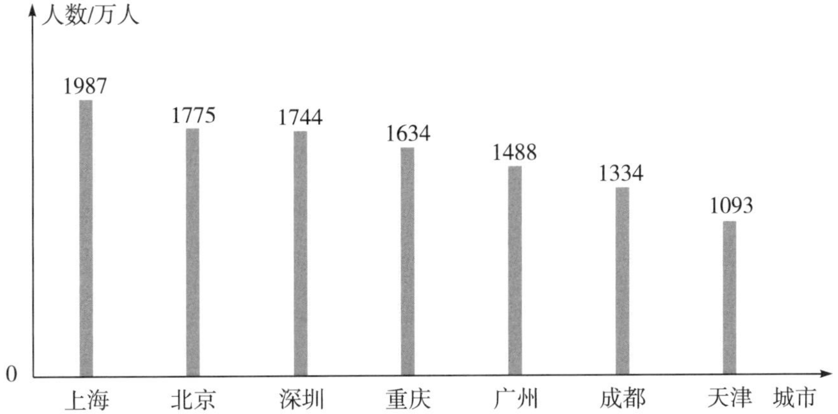

图0-2　国家统计局第七次全国人口普查我国超大城市城区常住人口基本情况

（二）城市更新成为推动城市高质量发展的必由之路

诚然，迅速发展的城市化使城市汇聚了大量的物质财富、技术和人才，不仅给城市发展带来了新的契机，而且将城市文明推向了更高的层次。以广州为例，广州统计局数据显示，1949—2021年，广州经济总量从不足3亿元提高到了约2.8万亿元，各种高端要素在广州加快集聚，展现出了强劲的发展势头，国家中心城市以及综合性门户枢纽城市地位不断突显。但与此同时，粗放的城市增长模式与快速扩张所带来的城市空间利用不合理、土地低效运转、资源过度消耗以及历史文化特色遭受冲击等问题不断显现，成为城市良性发展道路上不得不面对和解决的问题。在此背景下，城市更新作为一种维持城市生存和发展的手段与方式，逐渐被赋予全新的历史使命，成为我国经济新风口和未来城市发展的新主题和增长点。《中华人民共和国国民经济和社会发展第十四个五年规划和2035年远景目标纲要》明确提出，要实施城市更新行动，推动城市空间结构优化和品质提升。这无疑是党中央立足新发展阶段做出的重大战略决策部署，也是“十四五”以及今后很长一段时期我国推动城市高质量发展的重要抓手和路径，对重构城市功能和布局，满足人民群众对美好生活的向往具有重要而深远的意义。

一是回应城市的物质性老化问题，让城市从衰退走向再成长。城市的物质条件通常会经历“成长—成熟—衰退”的生命周期，随着城市的发展，城市物质条件逐渐老化或缺失，城市运行的风险也会不断累积，对城市中逐渐丧失活力和生命力的旧建筑、旧设施、旧空间进行改造，赋予其新的活力，是避免城市走向衰退的重要举措。

二是回应城市的功能性缺失问题，让城市为人民提供更安全舒适的环境。城市作为现代化的重要载体，是各种功能相互联系、相互作用而形成的有机体，城市具有的综合功能既是城市满足人民群众多样化需求的基础，也是城市能级和核心竞争力的重要组成部分。城市更新既是民生工程，也是民心工程，为了适应城市发展新形势，需要针对城市功能的短板，有针对性地通过城市更新来全面为城市赋能，进一步强化城市综合服务功能，为居民营造美好的公共空间，不断提升城市现代化水平。

三是回应城市化进程中城市人文环境与自然环境的保护问题，让城市留得下文脉、记得住乡愁。城市化的发展使人口和产业活动由分散到集聚，不可避免地影响了人们赖以生存的自然环境和人文环境，同时，城市在规划建设方面的低水平，也加剧了城市化过程对历史文化与自然环境的破坏，需要通过城市更新对城市的历史文化遗产和自然生态系统进行系统性保护和修复。

四是回应城市土地资源瓶颈问题，让城市的发展可持续。当前我国城市规划建设模式从增量发展逐步向存量优化为主转变，传统的外延式扩张模式已经难以为继，必须注重土地资源的内涵式挖潜，扩大城市土地的有效供给，积极探索绿色转型、推进生态文明建设、推动新旧动能转换。“新常态”发展模式下，城市更新无疑将成为城市发展的主要模式，只有充分挖掘存量空间的价值，才能实现城市可持续发展。

二、习近平总书记关于城市更新工作的重要论述

党的十八大以来，习近平总书记高屋建瓴，科学运用马克思主义世界观和方法论，统筹谋划新时代城市更新工作，系统回答了“为谁更新、谁来更新、更新什么、怎么更新”的问题，对指导我国当前和未来城市更新工作具有重要意义。综观习近平总书记关于城市更新工作的重要论述，我们不难发现，其中蕴含着完整而又系统的逻辑，即首先确立了城市更新工作的指导原则是“以人民为中心”，而后以此为依据，对城市更新工作的具体路径做了系统考量和设计，其最终目的是提高城市发展持续性和宜居性。具体内涵如下：

（一）在“为谁更新”问题上强调“以人民为中心”的指导原则

城，所以盛民也；民，乃城之本也。城市的核心是人。城市因人而生，人为城之本，城市的本质和功能就应该是为了让人过上更好的生活。正如2000多年前，亚里士多德曾说的：“人们来到城市是为了生活，而人

们选择居住在城市则是为了生活得更好。”[①]所以，以人为本应作为城市建设和发展最根本的理念，这也是马克思主义唯物史观所遵循的基本观点。习近平总书记坚持马克思主义唯物史观，坚持党依据唯物史观确立的根本宗旨和群众路线，以满足人民日益增长的美好生活需要为主线，强调城市建设与发展应该为了人民、依靠人民，从而确立了城市更新的坐标系。

首先，他强调城市更新要为了人民。早在2015年中央城市工作会议上，习近平总书记就明确指出，“做好城市工作，要顺应城市工作新形势、改革发展新要求、人民群众新期待，坚持以人民为中心的发展思想，坚持人民城市为人民”[②]。这是我们做好城市工作的出发点和落脚点。那么，应当如何体现“人民”二字在城市更新中的重要性呢？就是要从人的需求出发，着力解决人民群众最关心最直接最现实的利益问题，不断让人民得到实实在在的利益。比如针对北京城市建设问题，他就明确提出了三个要求，即合理控制城市规模，为人民群众创造宜居生活环境；科学配置资源要素，提高人民群众生活质量；活化城市文化，提高人民群众生活品位。这些要求无一不体现了强烈的人本理念。

其次，强调城市更新要依靠人民。马克思主义唯物史观认为，人民群众不仅是历史的主体和创造者，而且是社会发展的主要推动力量。人民群众蕴藏着巨大的发展智慧和创造力量，是历史前进的根本动力。只有相信人民和依靠人民，才能凝聚起众志成城的磅礴之力。习近平总书记也曾经指出，“人民是历史的创造者，是决定党和国家前途命运的根本力量。必须坚持人民主体地位，坚持立党为公、执政为民，践行全心全意为人民服务的根本宗旨，把党的群众路线贯彻到治国理政全部活动之中，把人民对美好生活的向往作为奋斗目标，依靠人民创造历史伟业”[③]。要自觉拜师人民、尊重人民、依靠人民，始终坚持问政于民、问计于民、问需于民。这

① 杜维明：《城市，与核心价值文明对话》，《杭州（我们）》2010年第8期。

② 《中央城市工作会议在北京举行》，《人民日报》2015年12月23日。

③ 习近平：《习近平谈治国理政》（第三卷），外文出版社2020年版，第16-17页。

一重要论述全面把握了人民群众与历史发展、时代进步的内在逻辑，为依靠人民力量推动城市更新提供了重要的哲学依据。而对于如何做到依靠人民，很显然，一是要坚持人民主体地位。人民是城市建设和发展的主体，拥有对城市更新决策的知情权、参与权、监督权，要善于调动人民群众的积极性、主动性、创造性，集聚促进城市发展正能量。二是要尊重人民首创精神。城市更新必须集中人民群众智慧，凝聚人民群众力量，即注重民生，尊重民智。

（二）在“谁来更新”问题上强调政府、社会、市民三位一体

习近平总书记在中央城市工作会议上讲话时特别强调，“要坚持协调协同，尽最大可能推动政府、社会、市民同心同向行动，使政府有形之手、市场无形之手、市民勤劳之手同向发力”[①]。市民是城市建设、城市发展的主体。要鼓励企业和市民通过各种方式参与城市建设、管理。只有让全体市民共同参与，把市民和政府的关系从“你和我”变成“我们”，从“要我做”变为“一起做”，才能真正实现城市共治共管、共建共享。

城市更新涉及城市的社会、经济、历史及文化等多方面，其复杂性和系统性远远超越了作为公共政策制定与执行主体的政府治理能力。一方面，随着社会的不断发展和公民意识的日渐觉醒，我们看到，公民要求参与城市建设的呼声日趋高涨。另一方面，各种非营利组织、志愿组织、社区企业等第三方部门机构的发展也为政府的科学决策提供了广阔的民众基础。在这种情况下，对于城市管理者来说，与其逃避，不如积极引导。这就需要我们的城市政府必须适时转变观念，使自己向平台型政府转变，即积极搭建公民参与平台，让市民充分表达诉求，切实做到将问需于民、问政于民、问计于民和问效于民贯穿城市更新全过程。

① 《中央城市工作会议在北京举行》，《人民日报》2015年12月23日。

（三）在“更新什么”问题上强调以完善城市功能为重点

习近平总书记在中央城市工作会议上指出，要“完善城市治理体系，提高城市治理能力，着力解决城市病等突出问题，不断提升城市环境质量、人民生活质量、城市竞争力，建设和谐宜居、富有活力、各具特色的现代化城市”[①]。城市更新工作是一个系统工程，无疑应在统筹上下功夫，在重点上求突破，着力提高城市发展持续性、宜居性，其重点就是要着力解决城市病等问题，不断优化城市功能，提升城市品质。具体来说，就是要统筹生产、生活、生态三大空间，通过城市更新不断释放生态效益。要把解决交通拥堵问题放在城市发展的重要位置，加快形成安全、便捷、高效、绿色、经济的综合交通体系。要增加住房供应，促进实现产城融合、职住平衡的发展目标。要建设海绵城市和韧性城市，强化“以水定城、以水定地、以水定人、以水定产”和“节水优先、空间均衡、系统治理、两手发力”的发展思路。要构建权责明晰、服务为先、管理优化、执法规范、安全有序城市管理体制。要主动适应新型城镇化发展要求和人民群众生产、生活需要，以城市管理现代化为指向，坚持以人为本、源头治理、权责一致、协调创新的原则，理顺管理体制，提高执法水平。[②]要加强城市安全监管，健全城市应急体系，把安全工作落实到城市工作和城市发展各个环节各个领域。

（四）在“怎么更新”问题上强调规划先行和文化延续

一是强调规划引领是城市更新的基础和前提。城市是一个多要素、多系统的物质性聚集载体，是一个特定的区域空间，城市的本质属性决定了城市更新是一项复杂的系统工程，它涉及经济、社会、人口、资源等诸多

---

① 《中央城市工作会议在北京举行》，《人民日报》2015年12月23日。

② 黄燕芬、杨宜勇：《中国城市治理现代化六大要素》，《中国经济报告》2018年第3期。

领域，这就要求我们在城市更新中必须根据城市及所在区域的具体情况，对城市的用地、道路、公共空间和景观特色等做出科学合理的安排，即进行科学的城市建设规划。科学合理规划不仅是城市建设的纲领，也是城市更新的依据，更是城市竞争的资本。习近平总书记非常重视规划对于城市建设的重要性。2014年2月，他在北京考察工作时就曾指出："城市规划在城市发展中起着重要引领作用，考察一个城市首先看规划，规划科学是最大的效益，规划失误是最大的浪费，规划折腾是最大的忌讳。"[①]为此，习近平总书记提出了许多革命性的观点。如在2015年的中央城市工作会议上，习近平总书记明确提出，要提升规划水平，增强城市规划的科学性和权威性，促进"多规合一"；要全面开展城市设计，完善新时期建筑方针，科学谋划城市"成长坐标"；城市建设要以自然为美，把好山好水好风光融入城市；要大力开展生态修复，让城市再现绿水青山；要坚持集约发展，树立"精明增长""紧凑城市"理念，科学划定城市开发边界，推动城市发展由外延扩张式向内涵提升式转变；将环境容量和城市综合承载能力作为确定城市定位和规模的基本依据；推动形成绿色低碳的生产生活方式和城市建设运营模式；城市交通、能源、供排水、供热、污水、垃圾处理等基础设施，要按照绿色循环低碳的理念进行规划建设[②]，等等。当然，有了好的规划只是万里长征走完了第一步，关键还得抓落实。还必须拿出"钉钉子"精神，坚持一张蓝图干到底，一茬接一茬干下去，防止出现换一届领导、改一次规划的现象。

二是强调城市更新必须重视文化保护和传承。习近平总书记对城市的文脉极为重视，他多次表示，要传承城市历史文脉，切实做好历史文化遗产和历史建筑的保护，体现城市的地域特征、民族特色和时代风貌，保留城市特有的"基因"。2014年2月25日，他在北京市规划展览馆考察时说，历史文化是城市的灵魂，要像爱惜自己的生命一样保护好城市历史文化遗

① 《北京城市规划"留住历史，迎接未来"》，《新京报》2017年9月29日。

② 《中央城市工作会议在北京举行》，《人民日报》2015年12月23日。

产。首都规划务必贯通历史现状未来，统筹人口资源环境，让历史文化与自然生态永续利用、与现代化建设交相辉映。要本着对历史负责、对人民负责的精神，传承历史文脉，处理好城市改造开发和历史文化遗产保护利用的关系，切实做到在保护中发展、在发展中保护。[①]习近平总书记对城市历史文脉的关注，并非始于今日，而是一以贯之。早在他担任党的总书记之前，在地方工作期间，他就曾经关注并熟知许多城市的历史文脉，如河北的正定县，福建的厦门、宁德和福州，浙江杭州，以及上海等。据《习近平同志在正定》一文披露，一次，他在正定隆兴寺院西侧，看到元代书法家赵孟頫撰写的名碑"本命长生祝延碑"上沾满泥土，缺乏保护，当即找到主管领导，并提出了严肃批评。[②]1991年3月10日下午，在三坊七巷召开的中共福州市委、福州市人民政府文物工作现场办公会上，时任福州市委书记的习近平说："评价一个制度、一种力量是进步还是反动，重要的一点是看它对待历史、文化的态度。要在我们的手里，把全市的文物保护、修复、利用搞好，不仅不能让它们受到破坏，而且还要让它们更加增辉添彩，传给后代。"[③]1992年1月24日，福州城市建设如火如荼之际，习近平在《福建日报》上发表署名文章《处理好城市建设中八个关系》，高屋建瓴地论述了推进城市建设这项"复杂的社会系统工程"，必须妥善处理好的八个关系。其中，"古与今"着重论述的就是如何处理传统历史风貌保护与现代城市建设的关系。2002年4月，时任福建省省长的习近平为《福州古厝》一书作序。他在序中也写道："现在许多城市在开发建设中，毁掉许多古建筑，搬来许多洋建筑，城市逐渐失去个性。在城市建设开发时，应注意吸收传统建筑的语言，这有利于保持城市的个性。"[④]他认为，保护古城是与发展现代化相一致的，应当把古城的保

① 《像爱惜生命一样保护好城市历史文化》，《新华日报》2014年2月27日。

② 《习近平同志在正定》，《河北日报》2014年1月2日。

③ 阮锡桂、刘辉、戴艳梅等：《在保护与传承中凝聚强大的前进定力》，《福建日报》2021年7月30日。

④ 习近平：《福州古厝（序）》，《人民日报》2019年6月8日。

护、建设和利用有机地结合起来。在浙江工作期间，他也指出："杭州应在保护文化遗存、延续城市文脉、弘扬历史文化方面，发挥带头作用，做得更好。"[①]2013年12月，中央城镇化工作会议在部署"提高城镇建设水平"时，曾提到两个"脉络"，一个是山水脉络，一个是历史文脉。即一要体现尊重自然、顺应自然、天人合一的理念，依托现有山水脉络等独特风光，让城市融入大自然，让居民望得见山、看得见水、记得住乡愁；二要融入现代元素，更要保护和弘扬传统优秀文化，延续城市历史文脉。在2015年中央城市工作会议上，习近平总书记又进一步指出，"要保护弘扬中华优秀传统文化，延续城市历史文脉，保护好前人留下的文化遗产。要结合自己的历史传承、区域文化、时代要求，打造自己的城市精神，对外树立形象，对内凝聚人心"[②]。在考察广州期间，习近平总书记也明确提出，"城市规划和建设要高度重视历史文化保护，不急功近利，不大拆大建。要突出地方特色，注重人居环境改善，更多采用微改造这种'绣花'功夫，注重文明传承，文化延续，让城市留下记忆，让人们记住乡愁"[③]。习近平总书记的这些思想和观点，不仅推动了一系列保护文化遗产的开创性实践，而且为延续历史文化、打造城市精神奠定了坚实的理论基础。

（五）习近平总书记关于城市更新工作重要论述的时代价值

习近平总书记关于城市更新工作的重要论述揭示了我国城市发展的本质及其规律，不仅内涵丰富，而且突显了他高屋建瓴的战略思维、求真务实的实践思维和勇于创新的改革思维，具有鲜明的时代价值，是推进我国城市建设和发展的"中国经验"和"中国智慧"。

一是拓展了我国城市建设经验。习近平总书记的思想既与马克思主

① 习近平：《之江新语》，浙江人民出版社2007年版，第35页。

② 《中央城市工作会议在北京举行》，《人民日报》2015年12月23日。

③ 杜娟：《专家大咖为广州历史文化保护传承"把脉开方"》，《广州日报》2022年1月22日。

义唯物史观一脉相承，又丰富了传统城市建设的内涵，具有典型的创新特征。第一，“以人民为中心”是马克思主义人本思想的传承和创新。如上所述，坚持以人民为中心，不仅是习近平城市建设与发展思想的核心内容，也是马克思主义人本思想的历史传承和创新发展。人民性是马克思主义最鲜明的品格。自从人类迈入阶级社会的门槛，任何一种主义、思潮、理论都是特定阶级、阶层和社会集团利益的反映和诉求，具有鲜明的阶级性。因此，为谁服务、以谁为中心作为观察和思考问题的出发点与落脚点，就直接地反映出这种主义与理论的世界观。[①]毛泽东、邓小平在城市工作中也非常重视这种人本主义世界观。早在西柏坡时期，毛泽东就指出，城市属于人民，理应由人民自己来负责管理，我们党要区别于国民党统治下的城市管理，让人民自己来管理城市，做城市的主人。[②]毛泽东多次告诉全党，在城市斗争中，“我们必须全心全意地依靠工人阶级，团结其他劳动群众，争取知识分子”[③]。这样既可以使我们党开展城市工作减小阻力，又可以充分发挥他们的聪明才智去建设管理城市。邓小平在主政大西南时期，也多次强调，我们的建设工作应该面对群众，发现问题，解决问题，修建学校如此，修建文化娱乐场所如此，解决“骨头”和“肉”的关系问题也是如此。[④]而在党的十九大报告中，习近平总书记把“坚持以人民为中心”视作新时代中国特色社会主义思想的核心内容加以阐述。可见，“人民”二字在习近平治国理政思想中的重要性。第二，从聚焦以城市建设为中心到建设与管理两端发力。在党的七届二中全会上，毛泽东审时度势提出了将党的工作重心从农村转移到城市的指导方针。对于当时执掌中国政权的中国共产党来讲，革命事业取得成功之后，接下来的首要任务应是搞

---

① 邹兴平：《“以人民为中心”思想的马克思主义哲学意蕴》，《思想政治工作研究》2018年第8期。

② 赵慧杰：《试论西柏坡时期毛泽东的城市建设管理思想》，《改革与开放》2016年第14期。

③ 毛泽东：《在中国共产党第七届中央委员会第二次全体会议上的报告》，人民出版社2004年版，第6-7页。

④ 1957年4月8日，邓小平在西安干部会议上的讲话《今后的主要任务是搞建设》。

好经济建设，所以，毛泽东指出，“从我们接管城市的第一天起，我们的眼睛就要向着这个城市的生产事业的恢复和发展”。因为在他看来，城市工作远比农村工作复杂，但是再复杂也要有一个中心工作，这就是恢复生产建设。只有这样，工业才不会停顿，工人才不会失业，才能保障工人生活，赢得工人支持。①在这一思想指导下，中国共产党形成了一系列正确的城市建设管理方针政策，对中华人民共和国成立后的城市工作都有很大的指导意义。邓小平对城市建设工作也十分重视。他认为，城市建设是城市工作者的首要任务，必须把城市建设放在应有的地位抓紧抓好。②习近平总书记在城市建设之外对城市管理问题给予了同等的关注，强调既要转变城市发展方式，又要重视提升城市治理能力，着力在建设和管理两端发力，无疑是对传统城市建设思想的有益完善和补充。

二是系统回答了城市发展的时代命题。习近平总书记本着强烈的系统思维，围绕“为谁建、谁来建、建什么、怎么建”的问题系统回答了城市发展的时代命题，具有明显的时代印记。第一，提出了“一尊重、五统筹”的城市工作思路。1950年，邓小平在西南局城市工作会议上指出，在管理城市和建设城市的许多重大问题上，我们还只有一些零碎的经验，还没有系统的经验。③而城市工作恰恰是一项复杂系统的工作。在中央城市工作会议上，习近平总书记明确指出，城市工作要树立系统思维，从构成城市诸多要素、结构、功能等方面入手，对事关城市发展的重大问题进行深入研究和周密部署，系统推进各方面工作。④在统筹上下功夫，在重点上求突破，着力提高城市发展持续性和宜居性。为此，他针对城市发展的现实问题提出了“一尊重、五统筹”的城市工作思路。即尊重城市发展规律；统筹空间、规模、产业三大结构，提高城市工作全局性；统筹规划、建设、管理三大环节，提高城市工作的系统性；统筹改革、科技、文化三大

① 《中央城市工作会议在北京举行》，《人民日报》2015年12月23日。

② 刘祯贵：《重温邓小平城市建设思想》，《城市建设》2004年第9期。

③ 《专家大咖为广州历史文化保护传承“把脉开方”》，《广州日报》2022年1月22日。

④ 同①。

动力，提高城市发展持续性；统筹生产、生活、生态三大布局，提高城市发展的宜居性；统筹政府、社会、市民三大主体，提高各方推动城市发展的积极性，为进一步做好城市建设和管理工作提供了系统的指引。第二，突破了碎片化解决城市管理问题的传统路径。所谓城市管理碎片化，指的是同级政府相关职能部门和上下级政府之间在执行、处理城市管理事务时存在的分割状态。传统的城市管理，由于管理主体权责模糊与缺位、管理体制不统一以及协作治理机制未建立等因素，往往在问题的处理上表现出了明显的碎片化治理特征，如头痛医头、脚痛医脚，什么都能管，什么都不能根治，管理与规划、建设脱节等，严重制约了城市正常有序的发展。而综观习近平城市建设与发展思想，无论是从主体到方式再到体制再到目的的思维逻辑，还是对城市病的治理，无不体现了强烈的整体思维。早在2012年12月7日至11日，习近平总书记在广东考察工作时就提到，重大改革都是牵一发而动全身的，更需要全面考量、协调推进。不能畸轻畸重，也难以单刀突进。[①]所以，必须注重系统的整体性和要素与要素的协同性。同时，既要坚持全面系统的观点，又要抓住关键，以重要领域和关键环节的突破带动全局。这种系统而不零碎地观察、分析、思考和解决问题的思维对今后各级管理者更加科学有效地推动城市工作无疑具有重要的指导意义。

三是将城市治理纳入国家治理体系和治理能力现代化范畴。如上所述，随着城市化的发展，部分发展较快的城市已经进入后城市化时代。新时期，城市需要承载的公共职能会更多，人口结构也越来越复杂，这意味着未来城市的不确定性风险远比现在高。党的十八届三中全会提出，全面深化改革的总目标是完善和发展中国特色社会主义制度，推进国家治理体系和治理能力现代化。国家治理体系和治理能力现代化是一个宏观概念。城市治理属于国家治理体系范围，国家治理能力的现代化很显然离不开城市治理的现代化，所以作为国家治理体系和治理能力现代化的重要组成部

① 中共中央文献研究室：《习近平关于全面深化改革论述摘编》，中央文献出版社2014年版，第33页。

分，城市的稳定发展至关重要，如不能让城市治理走上良性运作的轨道，城市将可能成为社会不稳定的风险源。[①]总之，现代城市发展对一个区域具有决定性的辐射力量，也对一个国家发展具有引领作用，已经构成现代国家能力的建设基础，是国家治理体系和治理能力现代化的重要组成部分。将城市治理视为国家战略，无疑也是大局观和系统观的显著体现。

三、积极稳妥打造城市更新的“广州范例”

相较于西方发达国家，我国的城市更新无论是理论研究还是具体实践都相对滞后。在大规模城市建设背景下，城市更新往往无暇顾及理想模式，比较注重量而忽视质。但随着中国城市化的快速发展，城市建设用地日趋紧张，城市建设逐渐从增量时代进入存量时代，如何盘活低效存量用地，释放高质量发展空间，不断提升城市品质和核心竞争力成为摆在城市更新面前的一道难题。与此同时，诸如城市双修、城市精明增长和可持续发展等理念的提出对城市更新提出了更高的要求。因此，探索更加符合新时期新阶段城市发展需求的更新之路具有重要的理论意义。

在此背景下，党的十九届五中全会明确提出了要实施城市更新行动，这一重大工作部署无疑为新阶段城市更新提供了根本遵循，对于全面提升城市发展质量、不断满足人民群众日益增长的对美好生活的需求、促进城市经济社会持续健康发展具有深远意义。广州，作为一座有着千年商都历史的超大城市，如何通过城市更新永葆青春，实现老城市新活力是一个亟待思考和研究的命题。近年来，广州深入学习贯彻习近平总书记关于做好城市工作的重要论述和系列重要指示批示精神，在城市更新工作中坚持以

① 李锦文、叶睿：《后城市化时代城市治理面临的挑战》，《经济与社会发展》2014年第6期。

人为本，坚持可持续发展，坚持一切从实际出发，贯通历史现状未来，统筹人口资源环境，让历史文化与自然生态永续利用、与现代化建设交相辉映，致力于将城市更新作为立足新发展阶段、贯彻新发展理念、服务构建新发展格局的重要抓手，在推动城市更新九项重点工作方面取得了较好成效。2021年8月，国家住房和城乡建设部发布《关于在实施城市更新行动中防止大拆大建问题的通知》，对探索可持续的城市更新模式提出了新要求。“十四五”时期，广州有必要也有条件在已有成绩和优势的基础上继续先行先试，率先作为，进一步打造新时代城市更新的“广州范例”，为全国积极稳妥、系统有机推进城市更新探寻广州经验，提供广州样本。

（一）广州城市更新发展历程与政策演变①

广州是一座有着2200多年建城历史的大城市，在时代发展与变迁的过程中曾经创造了一个又一个奇迹，但随着改革开放以来人口规模的不断增长和城市的不断扩容，早期发展所形成的功能布局和人居环境已越来越不能承载经济社会进一步发展的需要，在很大程度上制约和限制了城市功能和环境品质的提升，亟须寻求适合超大城市发展规律和特点的城市更新之路。2009年，在广东省探索推进“三旧”（旧城镇、旧厂房、旧村庄）改造促进节约集约用地的政策背景下，广州也开始在全国范围内率先探索城市更新之路，历经十余载，取得了显著成效。综观广州城市更新发展历程，大致可以分为三个阶段，每一阶段的政策要求及其特点如下（见表0-1）：

1. 第一阶段：城市更新早期探索阶段（2009—2014年）

广州城市更新最早可追溯到20世纪60年代，但成规模的城市更新行动则以“三旧”改造为起点。2008年，国土资源部与广东省人民政府签署合

① 本书叙述内容主要集中在2012—2022年，但因新时代广州城市更新是在不断发展中前进的，故叙述时在时间上进行了适当上溯与下延。

作协议，共建节约集约用地示范省。2009年8月，广东省人民政府出台《关于推进“三旧”改造促进节约集约用地的若干意见》，正式启动“三旧”改造工作。以此为契机，广州市人民政府于2009年12月出台了《关于加快推进“三旧”改造工作的意见》及《关于广州市推进旧城更新改造的实施意见》《关于广州市推进“城中村”（旧村）整治改造的实施意见》《关于广州市旧厂房改造土地处置实施意见》等系列文件，从而正式开启了广州的城市更新之路。2010年，广州成立“三旧”改造工作办公室（以下简称“三旧”改造办），同年编制《广州市“三旧”改造规划》及旧城、旧厂房和旧村庄改造专项规划，形成基于宏观、中观、微观三个层面，兼顾整体与地方特点的“1+3+*N*”[①]规划编制体系。工作重点是破解各权利主体在广州市“三旧”改造中参与动力不足、积极性不高的困境。工作原则是坚持政府主导、市场参与。具体方法包括：一是简化手续，完善和创新土地管理。针对历史上因为各种原因尚未办理合法用地手续但被纳入“三旧”改造范围的建设用地，在尊重现实的基础上，通过完善、简化历史用地的手续，明晰原业主的土地产权，以促进土地流通，使土地可以长期投资。针对集体建设用地转国有，简化程序，给予优惠，减少耗时，节省改造成本。同时，采取允许土地出让、合作开发、在协商基础上等价调整等灵活的改造方法。针对“三旧”改造地块周围零散的农用地、边角地块等，采取统筹开发利用的办法，提高土地利用效率。二是改造模式和供地方式的多样化。以往，广州市对存量土地开发采用的是单一的改造模式，即由政府负责土地使用权或集体建设用地的征收工作，征收完成之后交由建设单位负责开发改造。这种改造模式带有强制实施的色彩，不但影响业主改造的积极性，而且容易引发社会矛盾。在“三旧”改造工作中，广州市鼓励多种模式相结合的改造方法，包括自行改造、公开出让、公益征收等，供地方式包括招标、拍卖、挂牌、协议出让等。三是土地改造收益采

① “1+3+*N*”：“1”指总体层面广州市“三旧”改造规划；“3”指中观层面的旧城、旧村和旧厂专项规划；“*N*”指“三旧”改造地块的改造方案或规划控制导则。

用共享模式。传统改造模式下，政府与个人或开发单位等无法在征收土地产生的增值收益的分配上达成共识，阻碍改造工作有序推进。“三旧”改造中，广州市政府创新性地采用征收土地增值收益共享的模式，由政府让渡部分收益，与业主、市场共享，由原来的矛盾关系变为新型合作共赢关系。以上这些举措，在业主端可以起到降低成本、增加收益、提高改造积极性的作用，在政府端则可以提高土地供给能力，可谓一举两得。猎德村、清平路市场及周边地区等都是这一阶段“三旧”改造的成功典型。以猎德村为例，当时，为了尽快推动猎德村改造项目启动，以迎接广州2010年亚运会，广州市人民政府采用由“市/区政府主导+村负责具体实施+土地出让吸引市场资金进入”的模式。对拍卖其中1/3商业地块所获得的46亿元出让金，政府采取自己少拿一分、开发商少出一点的办法，将自己的财政收益让渡给村，用于城中村改造，对改造过程中产生的各项税费也采取“拆一免一”的办法。改造成本和改造难度的降低，使得业主、开发商等主体热情高涨，主动改造，积极申报，改造项目进度加快，效率极大提升，成效显著。截至2012年底，广州市“三旧”改造面积达到19.48平方千米，[1]有效地增加了土地供应总量，在一定程度上缓解了土地供需矛盾以及广州市面临的发展空间不足的困境。同时，由于社会资产积极进入“三旧”改造项目，极大地拉动了广州市的经济增长。广州市的市容市貌焕然一新，城市空间被重塑，市民的居住条件得到有效改善。

但与此同时，前期改造工作也暴露出了一些值得深思的问题：过于注重改造总量的整体统筹，对年度改造项目数量缺乏明确计划和相应的行动安排；改造项目分散，无法形成规模效应，在提升城市整体格局建设方面效果不突出；利益共享执行中产生了利益不均衡、同地不同价等问题，导致不公平结果；改造模式偏重“全拆重建”、业主自行改造等，导致改造的实际效果偏离原本的规划蓝图；市场有明显的逐利倾向，对国有或集体

---

① 赖寿华、吴军：《速度与效益：新型城市化背景下广州“三旧”改造政策探讨》，《规划师》2013年第5期。

旧厂的改造偏爱有加，在改造形式上追求经营性开发，导致办公用房和商业用房过剩，产权不明晰、盈利空间小的中小型旧厂的改造陷入无人问津的境地。

为解决前期“三旧”改造暴露出的问题，继续推进广州市城市更新进度，2012年6月，广州市人民政府再出台《关于加快推进“三旧”改造工作的补充意见》。在坚持政府主导的基础上提出了规划先行、连片改造等一系列原则，具体办法包括：一是以规划引领，制订详细年度计划。要求所有改造项目必须在遵循广州市“三旧”改造整体规划的前提下制订相应的年度实施计划进行审批。此举利于强化土地管理，控制节奏，避免存量土地再开发节奏过快冲击土地市场。二是强化政府对改造项目的控制、规范作用，解决无序改造问题。三是强调连片改造，突出城市整体发展与建设效益。为保证改造对城市整体发展与建设效益的贡献，广州市人民政府制定《广州市城乡更新单元规划编制技术指引》，采取划定城乡更新改造单元的办法进行成片改造。四是完善土地改造收益分配机制，采取三种不同方式进行改造。第一种为“公开出让，收益支持”，第二种为“自行改造，补交地价”，第三种为“公益征收，合理补偿”。而对重点地区，采用的是第一种方式。例如对旧厂房的改造，政府通过强化“土地收储+降低补偿标准”两措并举的方式，明确旧厂房公开出让不计算补偿的毛容积率范围从原来的3.5调整到3。这种做法提高了补偿标准，极大程度地保障了各主体的收益。同时，将旧厂片区改造与周边的旧村改造结合，统筹编制规划方案。这种整体开发方式极大地重塑了城市发展总体格局。

调整后的政策，强化了政府自上而下的管控力度，更注重综合绩效，强调对“旧城”历史文化、公共财产和遗产的保护。但调整后的政策在提高改造门槛的同时也使得改造主体的积极性大受影响，比如以“片区开发”代替“单项改造”，虽然可以避免改造中的“挑肥拣瘦”问题，避免旧村庄等项目在改造中被忽视。但相较于集体旧厂房这种存在较大盈利空间的项目，旧村庄的改造涉及的产权等复杂问题往往使开发商望而却步。所以政策调整的结果便是市场参与改造的积极性下降，广州市的城市更新进度放缓。2012年，广州市全市范围内报批的“三旧”改造项目仅有25个。[①]2013年，广州市政府再次做出政策调整，停止审批新的改造项目，这标志着广州市的“三旧”改造在经历了轰轰烈烈的活跃期之后，进入了短暂的休整期。[②]但不管怎样，这一阶段所搭建的政策体系和积累的实践经验仍为后续广州城市更新的发展提供了丰富的参考和坚实的基础。

2. 第二阶段：城市更新发展阶段（2015—2018年）

在“三旧”改造政策的推动下，广州市盘活了大量存量建设用地，对城市发展的贡献巨大。但“三旧”改造采用的“大拆大建”方式，也产生了一系列负面影响。例如破坏了老城区的肌理，拆除了大量历史建筑，影响城市历史文化的传承。2014年初，国土资源部提出要严格控制特大城市新增建设用地规模。[③]此后，作为特大城市的广州开始改变初期“三旧”改造中“摊大饼”式的发展模式，转而收紧土地政策，并在总结大量经验的基础上，于2015年成立了一个全新的以城市更新为主要职责的机构——广州市城市更新局。与原来的临时机构广州市“三旧”改造办相比，广州市城市更新局属于正式的政府职能部门，兼具行政属性和社会属性，在原来广州“三旧”改造办的职责范围的基础上，还纳入了统筹城乡人居环境改善、提升城市功能内涵等职责。它的建立是为了更充分地盘活存量用地，开启存量更新的城市发展模式。同时，它的建立也标志着城市更新成为广州城市发展的新常态。[④]

2015年12月，广州出台《广州市城市更新办法》，次年1月又出台配套文件《广州市旧村庄更新实施办法》《广州市旧厂房更新实施办法》和

① 赖寿华、吴军：《速度与效益：新型城市化背景下广州“三旧”改造政策探讨》，《规划师》2013年第5期。

② 陈伶俐、梁师誉、李睿佳等：《广州“三旧”改造的经验分析与思考》，《中国国情国力》2022年第1期。

③ 中华人民共和国国土资源部令第61号：《节约集约利用土地规定》，http://www.gov.cn/gongbao/content/2014/content_2736111.htm.

④ 王世福、沈爽婷：《从“三旧改造”到城市更新——广州市成立城市更新局之思考》，《城市规划学刊》2015年第3期。

《广州市旧城镇更新实施办法》，确立了城市更新“1+3+N”政策体系。此阶段城市更新开始强调历史文化保护和人居环境改善的重要性，与第一阶段相比有了明显的不同。一是理念上，由“三旧”改造转化升级为城市更新；二是导向上，由关注改造的经济效益转为强调改造的社会效益；三是方式上，由大拆大建式的改造变为“保护+改造”，即将整体改造、局部改造、滚动改造与全面整治结合。其中特别值得一提的是创造性提出了“微改造”城市更新模式，并在《中共中央 国务院关于进一步加强城市规划建设管理工作的若干意见》的政策指引下，先后制订了《广州市老旧小区微改造三年（2018—2020）行动计划》和《广州市老旧小区微改造设计导则》等多份文件，明确要求在2020年前要重点完成全市779个老旧小区微改造任务。2017年底，国家住房和城乡建设部在福建省厦门市召开老旧小区改造试点工作座谈会，部署在15个城市开展老旧小区改造试点，广州成为全国唯一入选的一线城市。2018年10月24日，习近平总书记在广州市荔湾区永庆坊视察期间再一次明确强调，城市规划和建设要高度重视历史文化保护，不急功近利，不大拆大建。要突出地方特色，注重人居环境改善，更多采用微改造这种“绣花”功夫，注重文明传承、文化延续，让城市留下记忆，让人们记住乡愁。[①]这无疑是对广州探索的积极肯定，同时也对未来广州城市更新工作提出了新的期待和要求。

尽管这一阶段亮点纷呈，但在实际改造中仍暴露出了一些问题，主要表现在：一是市、区之间，各村之间，国企和集体土地之间存在缺乏联动的问题，容易形成分割局面，影响统筹。二是改造主体和产权主体之间协调沟通难度大。三是利益统筹机制不完善，各大主体间的利益分配不均衡等，亟待破解。

3. 第三阶段：城市更新系统推进阶段（2019年至今）

2019年，广州市进一步优化城市更新机构设置，城市更新工作主要由广州市住房和城乡建设局负责推进。广州市从2019年开始越来越关注城市

① 孙淑秋：《城市规划和建设要采用微改造这种“绣花”功夫》，《羊城晚报》2019年1月9日。

更新的系统性，明确提出了要统筹推进“三旧”改造、“三园”（中心城区物流园、村级工业园、专业批发市场）转型和“三乱”（违法建设、黑臭水体治理、“散乱污”场所）整治等九项重点工作任务。2020年8月，中共广州市委十一届十一次全会审议通过《关于深化城市更新工作推进高质量发展的实施意见》和《广州市深化城市更新工作推进高质量发展的工作方案》，把城市更新提高到了前所未有的战略高度，将城市更新作为广州推进高质量发展的重要引擎，在全国率先探索超大城市系统更新实现高质量发展的新路径。广州新一轮城市更新“1+1+*N*”政策体系已初步形成，即1份实施意见、1份工作方案和多份指引文件，并且提出了“2025年前先行推进重点地区更新、2030年前全面推进城市集中建成区更新、2035年前推进全域存量用地系统更新”的总体目标，力争实现城市面貌年年有变化、五年大变化、十年焕然一新。

表0-1　广州城市更新发展历程及其特点

阶段	第一阶段（2009—2014年）	第二阶段（2015—2018年）	第三阶段（2019年至今）
机构	广州市“三旧”改造办	广州市城市更新局	机构改革后职责分散到不同部门
政策	《关于加快推进“三旧”改造工作的意见》及其3份配套文件；《广州市“三旧”改造规划》及旧城、旧厂房和旧村庄专项规划；《关于加快推进“三旧”改造工作的补充意见》等	《广州市城市更新办法》及旧村庄、旧厂房、旧城镇更新实施办法3个配套文件；《广州市旧城改造实施方案》；《广州市人民政府关于提升城市更新水平促进节约集约用地的实施意见》以及关于旧村改造选择合作企业、资金监管等20余份配套文件	《关于深化城市更新工作推进高质量发展的实施意见》《广州市深化城市更新工作推进高质量发展的工作方案》及*N*个配套操作指引

续表

阶段	第一阶段（2009—2014 年）	第二阶段（2015—2018 年）	第三阶段（2019 年至今）
原则	政府主导、市场参与	政府主导、市场运作，统筹规划、节约集约，利益共享、公平公开	人民城市为人民、高质量发展、生态保护优先、传承保护历史文化、依法依规
方式	因地制宜与分类推进	全面改造和微改造双管齐下	修复与活化利用、城市有机更新、全面改造和微改造相结合
目标	拓展建设空间，保障发展用地	兼顾经济效益与社会效益	强调经济效益、社会效益与生态效益深度融合
特点	侧重硬件改造	强调历史文化保护和人居环境改善	统筹生产、生活、生态空间布局

资料来源：根据广州市历年城市更新政策文件整理。

综上，回顾广州十几年的城市更新历程，可以发现，广州从未停止过探索城市更新有效模式的脚步，并且取得了许多令人瞩目的成就。尤其是自党的十八大以来，广州自觉对标对表党中央部署要求，坚决贯彻落实中共广东省委、广东省人民政府工作部署，以加快实现老城市新活力和“四个出新出彩”作为新时代城市发展的根本遵循，把城市更新作为转变城市发展方式、构建新发展格局、推动城市高质量发展的重要支撑，统筹推进“三旧”改造、“三园”转型、“三乱”整治等城市更新九项重点工作，不仅形成了包含改造规划、用地处理、资金筹措、权益保障、监督管理在内的全流程政策框架，而且在产业导入、空间活化、功能修补、生态修复、社会参与等方面形成了诸多具有前瞻性和示范性的理念和举措，城市更新工作已然进入法制化、规范化和常态化轨道。自2019年广州正式启动以“存量与增量联动、产业与空间结合、文化与活力并重”为特征的新一轮城市更新行动以来，截至2021年6月，广州城市更新九项重点工作已累计完成固定资产投资3017亿元，盘活存量用地85平方千米，新增公建配套535万平方米，新增绿化面积1036万平方米，整治“三线”2052千米，整治雨污分流461千米，增设无障碍通道89.5千米，完善消防设施5.4万个，改造后的永庆坊片区二期、三眼井等亮点项目成为广州城市更新工作新名片。[①]至2021年底，完成老旧小区微改造项目共计752个，治理违法建设2.05亿平方米，清理“散乱污”场所6.4万个，恩宁路、沙面、海珠广场、泮塘五约等重点片区环境全面提升。昔日落后的旧村逐渐融入了城市，比如猎德和杨箕等旧村的全面改造，实现了岭南水乡传统文化与现代化高层建筑群的和谐共存；昔日的老城旧街焕然一新，成为网红景点，比如荔湾区的永庆坊、越秀区的北京路等；同时，还有一批旧园区、旧厂房建成新兴产业基地和科技孵化器，[②]比如红砖厂创意园、T.I.T创意园、羊城同创汇等，[③]无不给广州这座有着2200多年历史的老城市注入了强大的活力。

（二）广州新一轮城市更新的主要经验做法

伴随着广州城市经济由规模速度型粗放增长向品质效率型集约成长转型，城市更新也逐步进入一个新的历史阶段。2020年，广州系列城市更新政策方案的出台，标志着新一轮城市更新正式启动。这一阶段着眼强化产业导向、解决成片连片改造中经济难平衡等问题以及保护历史文化，探索实现城市更新与经济效益、社会效益、生态效益的深度融合等提出了一系列创新性观点，其主要经验做法有：

一是坚持制度先行与循序推进相结合，确保城市更新规范有据。制度先行是广州城市更新一以贯之的根本原则，无论是哪一个阶段，我们看到，广州都把制度安排放在首位，从早期的“1+3”，到“1+3+*N*”，再到

---

① 廖惠康：《三年完成519个老旧小区改造》，《广东建设报》2021年7月16日。

②③ 蔡静霞、廖振峰：《广州更新 十年不易》，《房地产导刊》2018年第12期。

当前“1+1+N”政策体系的形成，无不体现了制度先行的根本遵循。这些政策，从一开始的简陋欠缺到系统完善，从一开始的缺乏经验到更贴近市场，每一次进步，都经过了长时间的博弈和实践。与此同时，为更好地推动制度落地落细，确保城市更新在有序轨道进行，新一轮城市更新行动还在系列文件的基础上，结合国民经济和社会发展规划、产业专项规划，以及综合交通枢纽、重大基础设施、重点功能区、重点平台建设和重大民生项目、生态修复、历史文化遗产保护利用、工业产业区块等系统制订了三年实施计划、五年行动方案和十年改造规划，为各区、各部门分类别、分时序，积极稳妥推进城市更新提供了清晰的政策路线和行动指南（见表0-2）。此外，2021年7月，《广州市城市更新条例（征求意见稿）》发布，广州成为国内继深圳之后第二个将城市更新相关政策上升到地方性法规的城市。

表0-2　2020年广州城市更新三年、五年、十年计划

项目	三年实施计划	五年行动方案	十年改造规划
城中村改造	力争到2023年底前，33条已批复改造实施方案的城中村基本完成回迁安置房建设；其余50条城中村回迁安置房开工建设	力争到2025年底前，纳入城市更新三年实施计划的83条城中村基本完成回迁安置房建设，其余100条城中村回迁安置房开工建设	力争到2030年底前，纳入城市更新五年行动方案的183条城中村基本完成回迁安置房建设
旧街区、旧厂房改造	推进285个旧街区改造项目和176个旧厂房改造项目，力争到2023年底前，完成全部政府收储项目的收储工作，已批复改造实施方案的项目基本完成建设	基本完成422个旧街区改造项目和306个旧厂房改造项目，力争到2025年底前，纳入城市更新三年实施计划的自行改造、微改造项目基本完成建设	常态化推进旧街区改造工作，推进约400个旧厂房改造项目，力争到2030年底前，纳入城市更新五年行动方案的旧厂房自行改造项目、微改造项目基本完成建设

续表

项目	三年实施计划	五年行动方案	十年改造规划
“三园”转型	到2023年底前，力争完成总面积约7平方千米的村级工业园整治提升。完成95个专业批发市场的转型疏解工作。同步推进涉及的物流园综合整治	力争到2025年底前，完成总面积约16平方千米的村级工业园整治提升。完成182个专业批发市场的转型疏解工作。同步推进涉及的物流园综合整治	力争完成总面积不少于26平方千米的村级工业园改造。完成约300个专业批发市场的转型疏解工作。同步推进涉及的物流园综合整治
“三乱”整治	到2023年底前，整治违法建设约4000万平方米。整治河涌（段）333条，长度约352千米，对全市“散乱污”场所发现一宗整治一宗	到2025年底前，基本完成存量违法建设整治。按照城市更新五年行动方案，整治河涌（段）766条，长度约826千米	到2030年底前，全面构建违法建设治理长效机制。改造范围内河道（涌）按照碧道要求进行建设，河道（涌）实现“水清岸绿”

资料来源：《广州市深化城市更新工作推进高质量发展的工作方案》。

二是坚持全域统筹与一体化布局相结合，力求城市更新协同发力。一方面，将城市更新纳入广州城市高质量发展战略全局，强调以规划为引领，摸清底数，整体谋划。统筹全域资源，优化要素结构，明确将“三旧”改造、“三园”转型、“三乱”整治等九项重点工作作为城市更新的主要任务。另一方面，在国土空间总体规划指引下，打破行政村界，推进连片策划和成片规划，科学布局生产、生活、生态空间，通过空间重塑和功能重造，极大提升了城市更新的土地利用效率。同时，建立健全市、区两级城市更新工作领导机制。市级层面成立由市委主要领导任组长的深化城市更新工作领导小组，下设专职工作组。各区成立相应领导机构。市、区两级领导机构加强上下联动，强化纪检监察、组织、发展改革、教育、科技、工业和信息化、民政、司法、规划和自然资源、生态环境、住房城乡建设、交通运输、水务、商务、文化广电旅游、卫生健康、市场监管、体育、城市管理综合执法、税务等部门协同作战，形成强大合力。层层压实主体责任，市深化城市更新工作领导小组负责统筹推进全市城市更新工作，领导小组各成员单位按职责分工推进落实工作任务，在职责范围内承担相应责任。各区党委和政府对本行政区域的城市更新工作负总责，主要负责人是第一责任人。各级责任主体定期召开城市更新工作现场会和推进会，及时检查、交流和了解城市更新工作进展，切实做到了城市更新上下“一盘棋”。

三是坚持问题导向与精准创新相结合，推动城市更新走深走实。着眼民生底线与产城融合、职住平衡，在全国率先提出产业发展与建设量占比；率先对城中村改造合作企业较为系统地提出引入产业、教育、医疗资源的要求；率先对产业周边配套设施提出刚性约束，以“绣花”功夫对历史文化街区、老旧小区进行微改造，坚持修复与活化并重，注重文明传承与文化延续，多措并举促进历史文化遗产保护利用，摒弃“一刀切”式的全面改造和不切实际的“大干快上”，切实推动城市更新提质增效。尤其值得肯定的是，在突显城市更新经济效益的同时，突出优化城市功能布局，落实生态保护要求，体现人文关怀，极力打造高品质、宜居宜业的生活、生产、生态空间。

四是坚持党建引领与公众参与相结合，打造城市更新利益共同体。充分发挥基层党组织的战斗堡垒作用和党员先锋模范作用，构建起以“街道党工委为龙头、项目部为中枢、社区党支部为根基”的基层旧改大党建工作格局，将党对城市更新工作的全面领导自上而下一贯到底。积极选派村社党员业务骨干参加各村的改造动员大会，对旧改政策进行详细解读，从回迁面积、临迁费、弃产和权益面积等四个方面分析旧改利好，帮助村民算好资金账、未来账。坚持“大师领衔、专家咨询、公共参与”，积极畅通政企沟通渠道，搭建社会参与平台，鼓励邀请院士、大师团队以及国内外名家大师参与城市更新策划咨询，提升规划设计水平，突出地方特色，打造精品项目。如黄埔区在深井古村的改造中，就成立了由中山大学、广州市城市规划勘测设计研究院、广州市衡信土地房地产评估有限公司、广东城印城市更新研究院作为第三方技术团队共同组成的深井工作坊，以社区问题及需求为导向，联合推动微改造的空间规划及实施，成为广州首个公众参与改造的古村活化实践项目。着力探索城市更新“共同缔造”委员会模式，充分激发市场主体活力，调动权利主体积极性，形成了政府、市场和社会共同参与、共治共享的新局面。其中，尤以荔湾区恩宁路的改造最为典型。在改造过程中，为了让更多利益相关方参与保护和更新，营造共建共治共享的社会治理新格局，恩宁路首创“共同缔造”委员公共参与平台。该委员会由荔湾区多宝街道办牵头，荔湾区城市更新局及荔湾区国土规划局配合，统筹荔湾区人大代表、区政协委员、社区规划师、居民代表、商户代表、媒体代表、专家顾问等成员共计25人参与，其中，改造范围内的居民和商户代表占了14位，超过总人数一半。[①]委员会成立的宗旨就是发挥政府和社会在恩宁路项目改造过程中的沟通和协调作用，以促成各方的共识和共同行动。

（三）广州城市更新面临的主要问题和障碍

尽管广州新一轮城市更新行动亮点纷呈、成效显著，但推进过程中存在的产业赋能不足、政策衔接不畅、司法手段缺失以及监管保障乏力等问题，在一定程度上仍制约了城市更新政策的有效落实，与高质量发展的目标要求还存在一定距离，亟待引起关注并予以解决。

一是产业赋能不足，存量用地潜力还未得到充分挖掘和释放。众所周知，产城融合是广州新一轮城市更新的重要目标之一。但在具体实践过程中，我们看到，尽管广州对产业导入有战略要求，但仍缺乏片区产业论证和发展评估细则等战术指引，对与产业发展相关的土地、人才、税收、融资等政策扶持和监管要求的精细化程度还有待提升。而对于已经完成产

---

① 李鑫：《恩宁路成立广州首个历史街区更新“共同缔造”委员会》，《南方都市报》2018年9月7日。

业招商的项目，要么还未形成集聚效应，要么重前期开发，轻后期管理，缺乏全周期管理意识，导致部分项目整体运营效率不高，产业活力还有待增强。

二是政策衔接不畅，一定程度上消解了城市更新的整体效能。新一轮城市更新旨在打造需求驱动下的多功能复合体，其附加效应比以往更为突显，对政策联动性的要求也会更高。但由于职责分割，诸如土地、税收、住房、教育、环保、安全等政策的响应、制定与落实并不能完全做到快速联动、精准匹配，部分政策或者滞后，或者缺乏细则，或者需要在其他政策的限制下进行，使得一些政策措施难以及时有效实施。特别是用地规划与现实需求仍存在差距，农转用地指标供给不足，掣肘了更新进程。

三是司法手段缺失，导致一些难点、堵点问题难以从根本上破解。法律是护航城市更新规范有序、健康运行的重要武器。长期以来，广州城市更新的立法层级都不高，大多停留在政府规章层面。在政策执行过程中，遇到诸如产权不清晰、利益难平衡等问题，一线工作人员只能通过协商沟通等软办法软手段去协调，导致工作开展难度增加，也给城市更新工作带来了较大的风险和挑战。

四是监管保障乏力，容易导致政策走样并引发新的矛盾和问题。城市更新必然意味着对原有社会空间和形态的重塑，从而造成一定时期内正常生产、生活秩序的受阻，以及相关各方利益的重新调整。如城中村原本包容了大量产业工人和低收入群体，一旦改造，势必会对当地经济、企业用工等方面产生系列影响；与此同时，大量企业进入旧改市场，也在一定程度上增加了监管难度；此外，基层工作人员任务重、约束多、激励少，存在后劲不足的情况，相关社会、约束和权益保障机制都亟待跟上。

（四）进一步优化广州城市更新路径的政策建议

综上所述，立足新发展阶段，面对不断涌现的新问题和新挑战，广州无疑应以更高姿态、更高标准和更高要求进一步推动城市更新制度创新，强化政策支持，健全保障机制，因地制宜实施产业策划与评估，为实现老城市新活力提供源源不断的动力。为此，特提出五点建议：

一是树立科学的城市更新理念，推动城市更新服务于城市高质量发展。首先，广州城市更新要更加注重城市的内涵式发展。在城市更新过程中要避免片面追求规模扩张带来的短期效益和经济利益，充分利用存量资源，鼓励小规模、渐进式的有机更新和微改造，突出城市空间内在的产业更新、环境修复与品质改善，严格控制拆除和建设的总量，避免大规模拆除和大规模增建。要尊重城市发展的规律，保护城市的文化遗产，保持城市的传统格局、特色风貌，维护社区的邻里关系和社会结构，延续好城市文脉，留住城市的“根”和“魂”，避免割断人、地和文化的关系。其次，广州城市更新要更加注重城市的集约型发展。土地资源短缺是我国城市发展中的根本性制约因素，在资源环境约束下，城市更新走集约型发展道路既是现实环境的需要，也是实现城市可持续发展的必然要求。因此，在城市更新中需要正确把握和处理土地节约集约利用、人口聚集、产业支撑和基础设施建设等要素，充分利用现有空间实现城市的集约型发展，深挖城市用地潜力，实现低效土地高效配置、城市功能更加完善、人居环境明显提升。①最后，广州城市更新要更加注重城市的绿色化发展。针对城市资源约束趋紧、环境污染严重、生态系统退化的问题，城市更新要注重解决人与自然和谐问题，统筹考虑自然地理单元的完整性、生态系统的关联性、自然生态要素的综合性，鼓励近自然、本地化、易维护、可持续的生态建设方式，不伐移老树，不挖山填湖，不随意改变或侵占河湖水系，实现城市生态系统的结构与功能修复。

二是大力强化系统思维，为深入推进城市更新开辟增效空间。在提升存量用地效益方面，要强化全局意识，把握与遵循城市发展规律和运行逻辑，从要素、功能、过程等层面对城市更新进行统筹与整合。坚持国土空间规划引领城市更新，争取将旧村改造项目纳入重点发展区域、重大产业

---

① 王君正：《以强烈的文化意识指导“都市襄阳”建设》，《政策》2013年第8期。

项目、重大基础设施和民生设施用地等优先保障范畴，同时注重将国有企业的制度优势转化为城市更新效能，以龙头国企为带动，将片区权属分散的旧城、旧村、旧厂纳入连片收储整备范围统筹改造，实现土地要素资源的高度整合。要避免传统城市更新只注重单一功能开发的弊端，按照产城融合的思路，全面回应人民生活需求和产业发展需求，将产业、教育、医疗、交通、文化、社会交往等多样化功能统筹纳入城市规划，细化土地整备实施的具体指引，创新“商改商”项目实施路径，加大“工改工”实施力度，推动城市更新与地下空间开发利用相结合，进一步降低存量用地开发建设成本，打造存量用地再造发展新高地。针对传统城市更新注重项目短期化运作的弊端，创新探索投资开发建设与运营管理相统一的全周期更新模式，注重前期的需求调研与规划建设、中期的项目引进、后期的跟进服务，形成全过程闭环，加强对改造项目的规范管理，进一步提升产业集聚竞争力，扩大全域产业联动发展的综合效益。

三是切实推动政策融合，为系统推进城市更新提供无缝衔接。城市更新是一项涉及上下衔接、前后相续的系统工程。应针对当前城市更新工作实施过程中暴露出的问题，及时调整优化政策，加强新旧政策衔接，确保衔接顺畅。积极构建适应存量发展要求的城市更新协同机制，进一步打破职责边界，强化部门协作、市区协同，完善多层级多部门合作治理框架和行动计划，尽快形成促进城市更新有序推进的体制合力。建立实时更新、部门联动的综合信息监管平台，推动建立“存量用地及更新项目入库—规划—实施—监管”的全生命周期管控机制，动态跟进存量用地的入库、规划、实施、验收等全过程。①创建产业用地供需服务管理平台，加强产业招商、更新改造和用地审批信息共享互通，动态和及时向产业招商部门提供或更新改造项目清单。建立退出和奖惩机制，以投资强度、土地产出率、产值能耗等指标作为土地使用条件，强化旧厂房改造项目批后监管。建立

① 王贤铮：《广州存量低效用地二次开发提质增效策略思考》，《城市住宅》2020年第7期。

用地项目土地利用绩效评估制度。

四是持续完善制度供给，为有序推进城市更新筑牢法治根基。从国际上看，以法律制度保障和规范城市更新已成为全球各大城市实施城市更新行动的共识之举。当前我国大多数城市的城市更新已进入深水区，尤其是城市发展容量矛盾较为突出的大城市，更需要从制度构建层面破解城市更新难题。深圳、上海等地已经相继出台并实施城市更新条例，广州也应尽快推动《广州市城市更新条例》落地执行，为全国城市更新立法树立典范。要努力改变城市更新管理政策零星分散、不成体系的状况，加快建立一套以“地方性法规+实施细则+操作办法”为架构，适应城市高质量发展，内容涵盖规划、土地、房屋动拆迁、建筑设计、施工、物业管理等的城市更新全流程全周期全要素法规体系，以准确完整、稳定的法律法规代替临时的、应急性的政策措施，营造城市更新良好的法制环境，[①]为依法依规、坚定有力推动城市更新提供强大的法治保障。鼓励先行先试，打造创新标杆。在市级统筹指导下，分类分区试点城市更新九项重点工作，赋予试点项目或行政区一定的制度容错空间，在差异化探索下逐步总结形成与广州高质量发展要求相适应的城市更新经验。

五是着力健全监管保障机制，为稳妥推进城市更新提供坚实支撑。积极疏导并回应因城市更新受影响的城中村居民、外来人口和低收入群体的住房、就业等合理诉求，充分发挥村集体、用工单位和社会组织作用，通过政企、政社多元联动共同化解潜在矛盾，缓解更新压力。制定“资金与信用、进度与效益、公配与产业”等重要事项的全流程监管机制，由城市更新主管部门会同相关职能部门与改造主体签订监管协议，明确监管责任和监管内容。[②]打造城市更新项目综合监管平台，动态跟进每个项目的更新情况并进行实时通报。全方位无死角梳理排查城市更新中的廉政风险，对重点部门和重点项目进行驻点监察，实现“阳光监管”。完善对基层工作

① 杨华凯：《广州城市更新经验的启示》，《上海房地》2018年第7期。

② 麦婉华：《揭密城市更新黄埔样本》，《小康》2019年第29期。

人员的激励和奖励机制，进一步调动和激发基层干部的积极性。

总之，通过优化城市空间布局、提升生态环境品质、延续历史文脉等方式，满足群众对美好生活的向往和需求，是城市更新的出发点，也是城市发展的根本目的。广州应牢牢坚持“人民城市人民建、人民城市为人民”的根本立场，积极探索“以人民为中心”的城市更新之路，在尊重和顺应城市发展规律的前提下进一步推动城市高质量发展，不断提升人民群众的获得感、幸福感和安全感。

第一章

广州对旧村的改造

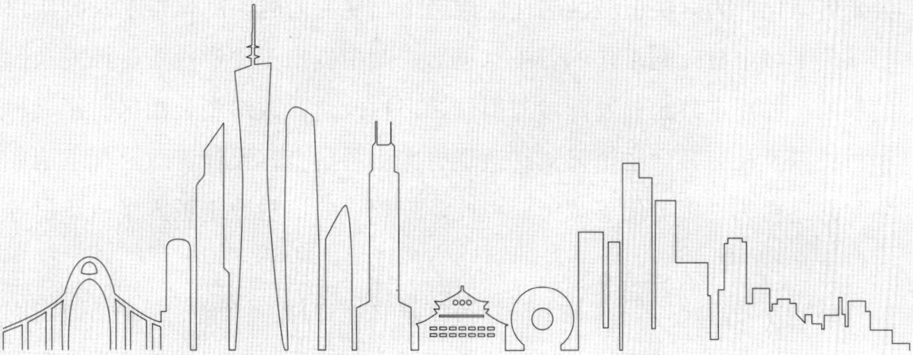

作为“十四五”发展的新风口、新动能，旧改是未来城市化发展最大的潜能。而纵观广州漫漫旧改之路，作为挖掘城市存量土地和自身资源主要途径之一的旧村改造无疑是其中最引人注目的重头戏。所谓“旧村”，一般是指城乡接合部（包括城中村）那些市政配套设施落后、居住环境较差的村落。广州是我国改革开放起步最早、经济增长最快、社会变迁最激烈和突出的地区，因此也是最早面对旧村问题的地区。

一、广州旧村改造的政策变迁

根据旧村改造政策的演变历程，广州市的旧村改造大致可以划分为五个时期，分别是探索期、试行期、调整期、转型期和稳步推进期。

20世纪80年代，处于改革开放热潮当中的广州，人口快速增长，住房紧张问题开始凸显。为优化人居环境，解决住房供需不平衡问题，广州市以“充分利用，加强维护，积极改造”为方针，开始探索旧城区居住区改造。初步探索过程中，广州市引入私有资本，推动公私合建，改造规模逐步扩张，对缓解旧城区的住房压力起到积极作用。但与此同时，也出现配套设施不到位、资金拖欠、“烂尾楼”等问题，使得政府遭受损失、社会矛盾激化。为解决旧城区居住区改造中出现的问题，广州市于2002年出台《关于城中村改制工作的若干意见》，其中提出了“谁投资、谁受益”的原则，并规定禁止开发商参与旧城、旧村改造，改造资金由区、镇、村和村民以及社会共同融资筹集，改造方案由各村自行设计，政府提供诸如免除回迁相关税费等优惠政策。由此，广州市的旧村改造进入了政策引导时代。

2009年，广州印发《关于广州市推进“城中村”（旧村）整治改造的实施意见》，标志着广州旧村改造政策进入试行期。根据文件要求，在旧村改造方式方面，主要包括自行改造、公开出让、公益征收、依法征收或者流转等，旧村改造的主体逐渐由政府转向村集体，村集体可以根据自己的经济实力和经营能力采取适合自己的方式进行改造；改造模式也变得多元，包括政府主导、村集体主导、市场主导和半市场主导等模式；在资金方面，政府为城中村改造提供财政支持，除市政府土地储备项目外，全面改造项目中60%的土地纯收益用于支持村集体经济发展，剩余土地纯收益由市、区政府按8∶2的比例分成；在安置补偿方面，提出合法建筑按照“拆一补一”给予补偿，合法建筑外的建筑，按建设成本给予货币补偿；在改造规划方面，计划10年内完成全市在册的138条城中村的整治改造任务，其中52条全面改造的城中村（见表1-1）争取用3～5年时间基本完成改造。这期间，由于“三旧”改造政策降低了旧村改造难度，得到了市场主体的积极响应，3年间广州共批复25个旧村改造项目，大大快于“三旧”改造政策印发前政府主导的改造进度。其中，最为典型的要数天河猎德村的改造。猎德村位于珠江新城中南部，东与誉城苑社区为邻，南与临江大道紧靠，西与利雅湾接壤，北与兴民路及花城大道相连，村址面积约31万平方米。改造前的猎德村是广州城中村的缩影，原有总建筑面积68.6万平方米，都为高密度的农民自建住宅，住房面积小、质量差、违法建设问题突出、消防隐患严重、治安环境复杂、卫生条件恶劣。此外，还保留着部分古民居、古祠堂等历史建筑，但因年久失修，存在巨大的安全隐患。2007年10月，作为广州首个旧城区改造项目的猎德村开始拆迁。整个改造建设工程至2009年底基本完成。猎德村的改造主要采取的是由村自行开发的方式，坚持“市、区政府主导，以村为实施主体”的总体思路，摒弃政府单方面主导拆迁的做法，通过整体改造、拍卖部分旧村土地融资解决资金来源；坚持以“村民得到实惠，村集体经济得到壮大，城区面貌得到提升”为原则，按“拆一补一”原则进行补偿，并为村集体经济预留了经济发展用地，充分考虑了大多数村民拆迁补偿和长期稳定分红的切身利益，尊重历史和现状，被大多数村民所接受；坚持“保护和延续岭南水乡传统文化”的原则，通过合理规划，确定“六保留、六改造”规划要点。整个规划方案进行了深刻的思考和精细的设计，将传统历史文化与现代都市景观进行有机结合；坚持民主公开，尊重村民意愿。[1]在整个拆迁改造期间，未出现一宗非正常上访事件，未发生任何安全、治安问题及群体性事件。[2]此外，海珠区的琶洲村改造，也堪称广州旧村改造的代表作。该村改造从2010年启动到2014年完成仅用了4年时间，改造后，建筑密度由62%下降到18%，绿地率由4%提升到46%，市政用地由2%增加到了16%，大大提升了居民生活品质。

表1-1　2009年广州首批52条全面改造城中村名单

区	村	数量 / 个
越秀区	杨箕、登峰、西坑、瑶台	4
海珠区	官洲、琶洲、沥滘、红卫、东风、三滘	6
荔湾区	花地、茶滘、东漖、西朗、坑口、坦尾、河沙、五眼桥、西郊、东塱、南漖、沙洛、海南、海中、海北、增滘、龙溪、葵蓬	18
天河区	猎德、冼村、石东、林和、石牌、棠下、棠东、小新塘	8
白云区	三元里、萧岗、江夏、陈田、棠下	5
黄埔区	文冲、横沙、下沙、长洲、深井、茅岗、南岗	7
萝岗区	黄陂、玉树、暹岗、华沙	4

与琶洲村同年启动改造的位于天河区的冼村，却因为种种原因，历经十余年仍未完成改造，可见，旧村改造并不容易。特别是旧村的住宅产权处理繁杂，市场对此类改造并没有很高的积极性，导致一些低效且环境较差的旧村空间很难被纳入改造中来，旧村改造进程因此一度遇阻。面对上述问题，2012年广州颁布了《关于加快推进"三旧"改造工作的补充意见》，确立了"政府主导、市场运作、成片改造、配套优先、分类处理、节约集约"的原则。其中，对旧村改造中出现的问题进行了方向性调整：

① 陈果、唐晓玲：《猎德村还是吹着"岭南风"》，《广东建设报》2010年1月12日。

② 《猎德村：广州旧村改造第一个吃螃蟹者》，https://www.sohu.com/a/499087847_120047375.

一是强化政府主导，由“以村集体为主体，负责拆迁补偿安置方案和实施计划”转变为“由区政府主导，以村集体经济组织为主体。区政府应当组织村集体经济组织做好基础数据摸查、成本测算等改造前期工作，编制‘城中村’改造方案和拆迁补偿安置方案并组织实施”。二是进一步加强政府的组织监管作用，提高旧村改造门槛，将征求村集体经济组织同意的人数从80%提高到90%，充分尊重村民意见。三是加强项目计划管理，由市“三旧”改造机构组织编制改造计划和年度实施计划。四是严格控制开发时序，规定“城乡更新改造单元内由改造主体负责的公建配套和市政基础设施未启动建设，除安置房外，其他建设项目不得启动；已启动的须立即停止建设并不得验收”，即必须先完成公共配套设施和市政设施的建设，才可以进行其他建设项目的建设。五是加强成片改造的管控，规定“同一更新改造单元中包含旧村、旧厂、旧城等多类型改造项目的，原则上由市、区政府统筹改造。鼓励旧村改造项目以整村范围划定城乡更新改造单元”。六是调整资金政策，政策规定对于村集体经济组织自行改造、自愿将村集体土地申请转为国有土地的涉及旧村改造的，由“需缴纳的土地出让金可以适当延期”转变为“办理协议出让手续，并按规定计收土地出让金”，加紧土地出让金的时间控制力度，严格控制自行改造方式，在一定程度上加重了旧村改造的资金压力。七是强调片区开发，例如集体物业、集体旧厂必须与旧村住宅捆绑同步改造，以防止出现2009—2012年改造过程中出现的“挑肥拣瘦”现象，实现均衡改造的总体目标。总的来说，2013—2015年，旧村改造处于优化调整阶段，政策更加严格，改造速度明显放缓。

2015年，广州现存低效城市建设用地约占全市建设用地总面积的30%，大规模的低效城市建设用地制约了广州的产业转型和城乡环境品质的提升，而“三旧”改造不同改造类型的政策缺乏有效整合，已经适应不了日益复杂的城市改造需要。在此背景下，广州率先成立全国首个市级城市更新局，更新力度不断加大，并出台系列更新新政，其中，主要的政策调整如下：一是调整融资地块出让土地纯收益的分配比例。由2009年规定的

“全面改造项目中60%的土地纯收益用于支持村集体经济发展，剩余土地纯收益由市、区政府按8∶2的比例分成”转变为“节余的融资地块土地纯收益由区政府和村集体按照5∶5的比例分成”。二是调整补偿范围。由2009年规定的“合法建筑按照‘拆一补一’给予补偿，合法建筑外的建筑，按建设成本给予货币补偿”转变为只对合法建筑进行补偿，规定合法建筑范围为“有房屋产权证、村镇建房许可证、宅基地证、2007年6月30日前的有关批准使用房屋宅基地证明或区政府实施村民建房登记管理的证明、确认属于一宅一户的建设证明等”。三是放宽对片区捆绑改造的要求。2016年以前，为了避免市场的“挑肥拣瘦”，政策规定村集体旧厂、物业需要与住宅捆绑改造，实现旧村整体改造。伴随着广州城市更新工作的加速推进，久违的旧村改造也开始进入快车道。据统计，2020年，广州共有城中村1104条，根据城市更新三年实施计划，第一批计划改造的城中村共计83条，其中，荔湾区数量居全市第一，黄埔区位列第二（见图1-1）。

随着旧村改造项目的不断推进，各种新的政策要求也接踵而至。与过去相比，匹配产业逐渐成为旧改新课题。各区围绕旧改项目配套产业问题陆续出台政策，对新一轮旧村改造提出了全新的挑战。如黄埔区要求旧村全面改造项目除需配比11%的公服设施外，还需配比5%的产业用房或用地移交政府使用或收储。以黄埔区大塱村为例，大塱是黄埔区获批全省“三

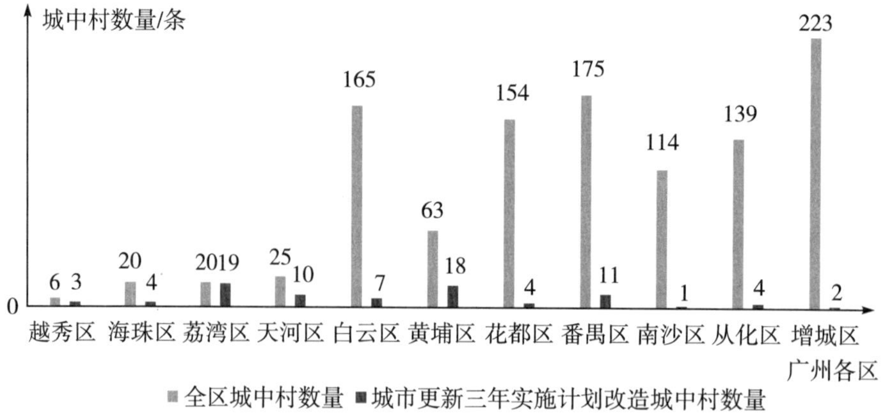

图1-1 2020年广州市各区纳入城市更新三年实施计划改造的城中村数量

旧”改造创新试点后的首批旧改项目之一。在改造中，大塱不仅按照常住人口规划配套了优质教育、医疗、养老、文化、体育等合计4.81万平方米的市政和公建配套，而且创造性地将村集体留用地与政府储备用地进行等面积置换、归整，通过“碎片重组”，在旧村低效零散的土地上，为高端产业发展腾出空间，打造了新型集约节约用地的大塱样本。2021年3月，南沙区发布《南沙区旧村改造储备项目管理工作指引》《关于进一步加强南沙区旧村庄改造项目产业导入的工作指引》等配套指引，明确将南沙区划分为两个产业管理圈层并明确了相应的产业类型。同年，荔湾区发布旧改产业政策，细则明确到区内每条村的产业发展方向。

2021年8月，住房和城乡建设部发布《关于在实施城市更新行动中防止大拆大建问题的通知》，明确提出要严格控制大规模拆除、增建和搬迁。为深入贯彻住房和城乡建设部政策意见，中共广州市委、广州市人民政府印发《广州市关于在城市更新行动中防止大拆大建问题的实施意见（试行）》的通知，其中明确强调，在老城区范围内，广州将严格控制大规模拆除、增建，不突破原有密度强度，不增加资源环境承载压力。在连片旧区，要稳步实施城中村改造，坚持专家论证、公众参与、科学决策，合理确定更新模式。要统筹解决新市民、低收入困难群众等重点群体租赁住房问题，严格控制城市住房租金年度涨幅。①要始终将历史文化保护放在第一位，最大限度保留老城区具有特色的格局和肌理，并将文化保护作为前置审批条件。对于需要进行更新改造的村落，须先完成文物考古调查、勘探，开展历史文化遗产调查评估，严格如实编制历史文化遗产保护专章和树木保护专章，提出保护措施等。由此，如火如荼的广州更新改造明显放慢了脚步，进入了转折时期。据不完全统计，2021年，广州旧村改造项目共计33个，相比2020年减少20个。尽管活力依然，但无论是改造面积还是投入改造金额，相较2020年都有所下降，其中改造面积同比下降约3%，自

① 安垚：《城市更新防止大拆大建 城市住房租金年度涨幅不超过5%》，《企业观察家》2021年第9期。

2019年起连年增长的趋势被打断（见图1-2）。[①]这说明，广州的旧村改造政策在探索中逐渐走向成熟，旧村改造也从博弈变动逐步走向理性有序。

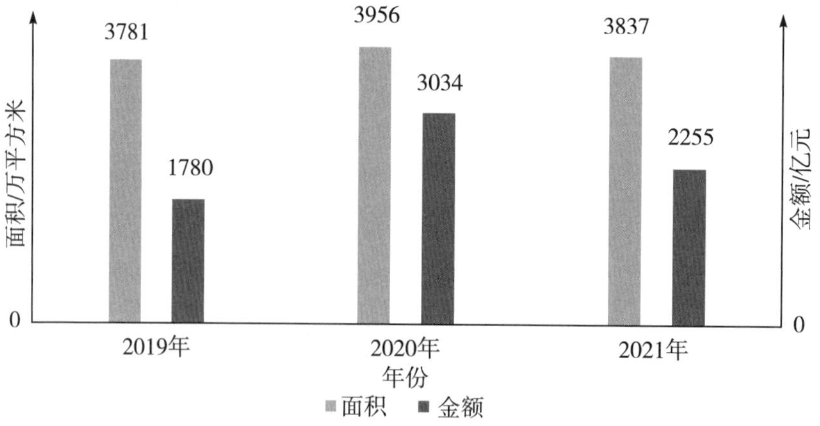

图1-2 2019—2021年广州旧村改造项目变化情况

二、广州旧村改造的模式创新

旧村的改造模式往往取决于村落的经济、地理、交通区位、城市总体规划和发展走向等因素，是政府、村民和市场三方面共同作用的结果。我国的旧村改造模式按照改造项目主体基本可以分为三类，即政府主导型改造模式、村民主导型改造模式和市场主导型改造模式。[②]但在实践中广州还发展出了其他新的改造模式，比如以“绣花”功夫进行修补、织补式更新的微改造模式，多主体利益整合的改造模式，多项目整合改造模式，等等。

① 吴爱丹：《格局已变！广州旧改向“高质量”要发展》，《房地产导刊》2022年第2期。

② 王珏：《我国“城中村”改造模式对比》，《企业导报》2011年第11期。

（一）传统改造模式

旧村改造传统模式主要分为政府主导型改造模式、村民主导型改造模式和市场主导型改造模式三种。政府主导型改造模式一般由政府投入大部分资金进行改造，政府负责村民的安置补偿；村民主导型改造模式改造资金由村集体经济组织和村民自行解决，政府则在税收、贷款和基础设施等方面提供优惠和协助；市场主导型改造模式由开发商在政策范围内负责村民的安置补偿，并按照改造方案进行开发，政府给开发商提供一定的优惠政策并在其中起到监督、规划作用（见表1-2）。①在广州市第一批全面改造的52条村中，谭村就是采取自行改造、整村拆建模式的典型之一。谭村属广州市天河区员村街石东第八、第九股份合作经济社，位于天河区珠江新城N3、N5地块，西邻广州赛马场、谭村路，东侧接近华南快速干线，南部与猎德污水处理厂相望，北部为骏逸苑，花城大道自西向东横穿谭村。该村不仅是珠江新城需要改造的3条旧村之一，也是广州市、区两级政府2011年重点推进的“三旧”改造项目。改造范围内户籍人口1913人，966户；有姚氏宗祠一座，占地300平方米，原址保留。改造项目自2012年4月5日获得批复，经过5年半时间，于2017年9月28日举行复建房交楼仪式。②

表1-2　传统改造模式特点及适用条件

传统改造模式	特点	适用条件
政府主导型	由政府整理土地，负责村民住宅和村集体物业复建安置补偿，整理的土地纳入储备后实施公开出让或用于市政公用设施建设，村集体经济组织不参与土地出让收益分成	对设计重大基础设施建设或权属复杂、不能实行土地归宗后联合改造或同一主题改造的旧村庄项目，可确定为政府征收储备模式

① 吕晶：《系统利益剖析城中村现象》，《山西建筑》2011年第28期。

② 冯善书：《广州潭村：自主改造引资整村拆除重建》，《南方日报》2019年9月24日。

续表

传统改造模式	特点	适用条件
村民主导型	由村集体经济组织根据批复的项目实施方案自行拆迁补偿安置，由村集体经济组织或其全资子公司申请以协议出让方式获得融资地块开发融资	对权属单一、征求意见获得村集体经济组织成员 90% 以上的村，可确定为合作改造或自主改造模式
市场主导型	由村集体经济组织根据批复的项目实施方案和制定的拆迁补偿安置方案，通过市公共资源交易中心公开招标引进开发企业合作参与改造，村集体经济组织可申请将融资地块协议出让给原农村集体经济组织与市场主体组成的合作企业；或者通过融资地块公开出让引入合作企业进行改造	同上

（二）“新旧结合”的微改造模式

根据《广州市旧村庄更新实施办法》规定，微改造包括对单体建筑进行整治修缮和局部改造。在政府制定控制性详细规划划定片区后，部分区域可以适用全面改造转换成抽疏整治等微改造方式，此种方式如不涉及控制规划调整，将大大加快旧村改造进度，也会因项目较小对资金需求和合作企业资质需求降低，会降低改造风险和难度，再通过拓展多方式合作或自行改造模式，进而提高改造速度。

微改造模式在传统乡村文化的传承和保护上具有较大优势。传统旧村改造模式下，缺乏对村民乡土情结的考量，对村民的意见不够重视。历史文化遗产的保护已然成为旧村改造中需要重点考量的因素，怎样在旧村改造中兼顾历史文化保护传承是传统村落改造中的重中之重。微改造模式实行小规模、渐进式的方式，能够尽可能地减少改造成本，充分考虑居民的意愿，尊重居民的相关权益，解决部分有浓厚乡土情结的原村民拆迁意愿不高、抗拒改造的问题，注重乡村的历史文化的保护，促进旧村改造的精细化，平衡旧村改造需求和传统文化传承之间的矛盾。黄埔区的深井古村就是旧村微改造的典型样本。深井村位于广州市黄埔区长洲岛，至今已有700多年的历史。古村内保存了大量的古民居、宗祠、塔等，既延续了岭南建筑的一贯风格，也体现了不同文化的交融。2019年，深井村被列入第五批中国传统村落名录。2016年，被称作“深井实验”的古村微改造在深井悄然启动，这也是广州第一个采取自下而上、公众参与方式实施的微改造项目。其主要做法之一是成立深井工作坊，作为村民协商议事的载体。2016年4月，在黄埔区城市更新局支持及长洲街道、深井村委的领导下，由中山大学、广州市城市规划勘测设计研究院、广州市衡信土地房地产评估有限公司、广东城印城市更新研究院作为第三方技术团队组成深井工作坊，长期吸纳村民意见，共同为微改造方案出谋划策。做法之二是传承深井历史文化与传统工艺，从过去注重外观形象改造转变为注重产业内涵挖掘，从过去文物单纯保留转变为活化利用，更加注重社区的活化和发展，从而走出了一条共同缔造、活化建筑遗产的特色深井之路。

（三）多主体利益整合模式

在广州市旧村改造项目中，涉及的主体主要为政府、开发商、村民三大类，三大主体的利益诉求不同（见表1-3），而能否推动旧村改造的关键在于如何在一系列的改造过程中，对政府、开发商、村民的利益进行均衡合理的分配。

表1-3　旧村改造中的利益主体及其诉求

利益主体	角色	利益诉求
政府	发起者和规划者	获得财政资金、提升土地资源节约集约利用，改善城市面貌，提升城市综合实力
开发商	实施者	获取经济利益，实现企业利润，提高企业知名度
村民	参与者	改善居住环境，获得物质补偿

三大主体有共同的利益诉求，但也有部分互斥的利益诉求。例如，开发商为了更大利润，倾向于降低土地获取成本，但村民却希望获得更多物质补偿；政府为了追求更大公共效益，期望建设商场、学校、公园等公共基础设施，但对于开发商而言，由于公共基础设施用地上的物业难以实现经济价值，产业用地上物业的投资回收期较长，相比于建设住宅而言市场存在更多的不确定性，因此，开发商希望能够开发更多住宅；在村民与政府之间，存在对于土地的增值收益如何合理分配、村民的安置房等各项保障政府是否能够有效落实的问题。[①]

旧村改造过程中根据改造侧重点的不同形成了多种利益平衡机制，主要包括公共利益优先的利益平衡和权益共享的利益平衡。公共利益优先的利益平衡指的是以保障公共利益作为旧村改造的要点，严守私人经济利益与公共利益博弈的底线，保障产业空间及公共产品供给；权益共享的利益平衡指的是打破权益垄断，激发各方主体改造的积极性，典型例子是土地的再资本化。在广州市的旧村改造过程当中，由村民把控有效土地资产的确定环节，由企业把控土地资本的增值与分配环节，由政府进行土地再资本化的许可，这种三方分治的机制有利于实现土地整备过程中利益博弈的动态均衡。

（四）多项目整合改造模式

多项目的整合改造有利于统筹资源，提高旧村改造效率。例如增城区的城乡融合项目与旧村改造项目相结合。增城区隶属于国家城乡融合发展试验区广清接合片区，在其城乡融合项目方案当中，提出了搭建城中村改造合作平台的具体措施，其中包括构建城中村改造多元投资机制、探索城中村改造利益共享机制、推进村级工业园提质增效等。比较典型的整合机

① 易嘉兴：《广州市旧村改造风险管理与利益分配研究》，广东工业大学学位论文，2021年。

制还有旧村改造与市政道路建设相结合。如白云区旧改中，采取在城中村里规划出若干条交通干道，把城中村分割成若干小块；拆除规划路上的建筑及土地并给予补偿，实施市政道路及配套工程建设；按小块划分项目，分别采用全面改造或微改造方式予以改造。这种以高标准市政道路建设推动城中村改造的模式，不仅依靠道路“化整为零”使得改造的第一步比较好解决，而且潜移默化地增加了村民的改造意愿。

三、典型案例：利益整合模式下的金星实践

如前所述，增城区共有223条旧村被纳入广州市的城市更新三年实施计划，全市占比20.20%，足可见，增城区的旧村改造任务，可谓任重道远。

增城区城中村改造以适应广州市政策来划分，可以划分为三个阶段。第一阶段（2015年以前）：广州市出台“三旧”改造政策，启动和推进“三旧”改造工作。增城充分发挥当时县级市行政审批体制优势，自行制定改造政策和自主审批改造项目。第二阶段（2016—2019年）：广州市出台《广州市城市更新办法》及其配套文件。增城全面对接广州市新的城市更新政策，重新启动城市更新工作（含城中村改造），2017年9月全面启动城中村改造。第三阶段（2020年以后）：2020年6月，广州市增城区人民政府门户网站发布《广州市增城区人民政府办公室关于印发增城区加快推进旧村全面改造工作的实施意见（试行）的通知》，进一步明确增城区旧村全面改造项目实施的有关事项，包括建立增城区旧村全面改造项目库、集体土地上住宅（含宅基地、世居祖屋）的可计基底面积核算标准、“户”认定标准、集体土地上住宅改造成本的核算标准等。随着广州市发布《广州市关于在城市更新行动中防止大拆大建问题的实施意见（试行）》，增城区的旧村改造政策也进行了调整，特别是2019年印发的文件《增城区旧村改造项目公开招标选择合作意向企业试行办法》被废除后，增城区原本

纳入旧改的61条村，有35条未能完成招商引资，进入停滞状态。

（一）金星村旧改基本情况

增城区荔城街金星村是增城区首个旧改村，被誉为增城的“猎德村”。据2021年7月广州市规划和自然资源局增城区分局公布数据，金星村总人口有2265人，均为常住人口，其中拥有户籍的有2256人。2017年6月，金星村被列入广州市13条旧村全面更新改造工作的计划，更新项目范围内建筑合计有1283栋，建筑面积为411857.63平方米。其中村民住宅有1205栋，建筑面积合计338011.77平方米；村集体物业41栋，建筑面积合计24404.11平方米；另有国有建筑37栋，建筑面积为49441.75平方米。作为增城区首个“吃螃蟹”的旧改村，金星村的改造已历时5年，改造历程大致可以分为列入改造计划，改造意愿表决，基础数据调查，引入合作企业，整村策划及实施方案征求意见，相关方案宣讲、表决，实施方案报批，项目开发建设，项目回迁等九个阶段（见表1-4）。

表1-4　金星村改造历程

序号	流程	具体事项
1	列入改造计划	2017年6月9日，金星村被列入广州市13条旧村全面更新改造工作的计划
2	改造意愿表决	2017年11月，金星村完成整村改造意愿表决通过，改造方式为全面改造
3	基础数据调查	2017年11月—2018年10月，金星村整村基础数据调查、公示、核查
4	引入合作企业	2019年1月，经广州市增城区荔城街金星村经济联合社村民代表会议决议，由广东中鼎集团有限公司及广州创耀房地产开发有限责任公司组成的联合体成为项目的合作企业，并签署项目合作协议

续表

序号	流程	具体事项
5	整村策划及实施方案征求意见	2018年4月—2019年9月，项目整村策划及实施方案向广州市规划和自然资源局增城区分局征求意见
6	相关方案宣讲、表决	拆迁补偿安置方案整村村民代表宣讲、表决；整村集体用地转国有用地及留用地相关宣讲、村民代表表决；安置区规划方案宣讲、表决
7	实施方案报批	2019年—2020年初，金星村拆迁补偿安置方案、实施方案已通过村民代表会议表决
8	项目开发建设	2020年8月3日，金星村更新改造项目启动拆迁补偿安置协议的预签约工作，签约之后开展项目报批报建以及项目建设
9	项目回迁	摇珠分房、安置区车位分配方案表决、项目回迁安置

（二）金星村旧改中的利益冲突分析

金星村在进行改造的过程当中，同样存在相关利益方诉求不兼容的情况。政府追求城市发展宏观层面的公共利益；合作企业追求获得一定面积可开发的土地资源，通过开发前后地产价格的变动来获得收益；村民追求改造后安置条件获得改善，同时可以获得货币和产权补偿；村社集体经济组织追求可以从中得到合法的确认和高额的经济利益。利益诉求的不兼容导致主体间矛盾较为突出。

1. 村民层面的利益冲突点

（1）部分村民改造意愿不足。村民和村社组织对项目策划、实施方案和拆迁方案是被动选择的，而“被动选择权”和“主动决定权”在各环节的拆解无疑会影响村民决策。部分村民对履行承诺的信任较弱，担心政府、合作企业不完全兑现承诺以及村集体能否担当起改造中、改造后的重大责任，达不到许诺的经济目标及民生目标。另外，部分村民存在家庭内部矛盾，涉及拆迁财产分配问题，如果拆迁户家庭内部没有妥善地处理好，例如兄弟财产分配不均、“农嫁女”等问题，容易引发家庭纠纷。

（2）土地、房屋价值估量存在争议。有部分旧村村民通过搭建违章建筑赚取房租收益。旧村改造可能会导致他们失去原本稳定的出租收益。历史遗留问题导致土地、房屋权属证明缺少或不一致，无法确定赔偿面积和房屋属性，严重影响拆迁户的拆迁利益。例如金星村周边国有土地上房屋权属复杂，改造意愿推进过程艰难；金星村的集体物业较多，分转租情况较多、租期较长，集体物业清租难度较大且推进缓慢。村民对房屋测量规范认知较浅，对房屋丈量结果易产生争议。房屋附属物、建（构）筑物及青苗种类较多，可依据的相关补偿政策不足。

（3）村民对传统文化保护存在争议。部分村民拆迁意愿不高，特别是传统文化理念下村民有浓厚的乡土情结，导致村民抗拒改造。传统文化与商业目标之间存在冲突。为了实现商业目标，土地的利用效率达到最高是大势所趋。然而旧村之中往往散落着一些具有历史意义、文化意义的建筑或物品，这些建筑或物品可能脆弱易损，难以迁移。因此，改造必须充分考虑如何保护这些文化产物，处理好传统文化保护与商业目标之间所存在的矛盾。

2. 政府层面的利益冲突点

（1）土地整备难度大。土地测量数据直接影响村民利益，但土地数据存在诸多问题。一方面，政府系统之间存在数据不一致的情况，增城土地数据有权籍系统和综合权属系统，同一宗地在两个系统中数据可能不一致，导致办理用地手续缺少同一标准，影响土地办证进度。另外，由于历史原因，存在产权证发证机构不一致的问题，导致部分由镇街核发的权属证在土地权属系统无法查验完整的地籍信息。另一方面，存在系统数据与实际权属数据不一致、宗地压盖、系统记载面积与证载面积不一致的情况，且对于部分缺少宗地红线的用地，进行重新完善的手续十分繁杂。

（2）保障措施不到位。安置房建设缓慢一直是旧村改造中的一大矛盾点。一方面，实施单位在征地拆迁补偿方案确定的集中安置区块从签订协议腾空后到安置房建成入住需要几年过渡期。另一方面，村民具有乡土情结，对安置区选址有一定要求。除此之外，还有村民的就业问题，由于当地拆迁户多数是土生土长的农民，文化程度低，有些年纪大的老人甚至没接受过教育，多年来通过租地租房获取固定收益，养成了“食房食租”的习惯，缺乏专业技术能力和竞争意识，小农思想使得这些失地农民在就业市场上不占优势，失去了稳定的房租收益作为主要的经济来源后，经济状况难以维系，容易引发一系列的社会问题。

（3）政策变动较大且宣传不到位。旧村改造政策经过多次变动，导致村民等主要利益主体难以准确理解政策，镇、村两层相关责任人不熟悉政策导致无从下手。政策的波动会直接引起前期已进行的测算安置、复建规模和改造效益发生较大变动，进而引发已公布的方案有较大变动，影响利益的分配和各方诚信，导致利益多方更加难以协调。另外，由于政策宣传不到位，村民对城市更新（含旧改）政策和程序了解极少，采用传统的办法宣传法规、方案难以达到理想效果。

（4）人才储备不足。开发改造过程具有很强的专业性和风险性，这对缺乏专业管理人员和相关技术人员的村委会和统筹的镇街政府部门来说，是一个极大的考验。虽然国土规划部门已指派专门人员进行技术指导，并具有一定的效果，但不能包揽具体工作及其职责范围外的工作，因此很难依靠他们解决众多繁杂而细致的问题。对于合作企业来说，支持改造过程中一系列程序运行的“神经中枢”是合作企业的决策与项目运行管理，需要其具备完善合理的部门设置和人员安排来保证项目的成功运行。

3. 企业层面的利益冲突点

（1）政府过度让利。合作企业想通过参与项目获得尽可能多的经济利益，不断地利用政策空隙和村民诉求向政府提出土地功能改变、开发容积率增高等各种要求，政府为吸引或留住合作企业不断地让利。

（2）企业过度让利。多变的市场交易价格和周边区的补偿标准导致村民心里利益权衡多变，合作企业为提高村民改造意愿、签约意愿的表决比率，不断让利于村集体和村民。

（3）村企沟通存在障碍。仅依靠合作企业和村委干部与村民沟通显见不足，复杂的历史关系和当前利益关系，需要借助外力参与协调沟通，否则迁延日久将更加难以解决。

（4）企业专业性不足。综合改造涉及的相关事务往往手续麻烦、程序曲折，且政策处于不断完善之中，即便是有实力的合作企业在面对不同政策的区和错综复杂的村，也需要专业化、系统化的改造服务。

（三）平衡利益冲突的主要措施

在金星村改造过程当中，由政府牵头，对各个利益主体进行了利益平衡。主要做法有：

一是标准化改造各环节流程，解决合作企业、村民对政府政策理解不足的矛盾。增城区印发相关文件明确规定了旧村改造流程，对改造过程当中的项目前期评估、基础数据调查、项目报批、合作企业引入、合作企业参与改造、动迁及完善用地手续的流程进行了详细梳理。例如根据相关文件，增城区将项目报批程序分为计划申报阶段、实施方案编制阶段、实施方案审批阶段、实施方案批复阶段、项目实施阶段五个环节（见图1-3），每个环节当中又细分为20个小环节，且对每个细分环节的要求进行具体规定。除此之外，增城区积极组织相关培训、印发宣传折页，深化合作企业、村民对政策的了解。增城区通过将复杂改造流程进行标准化，使得企业、村民更容易理解相关政策，极大程度化解多主体矛盾。

二是合理化拆迁补偿机制，解决村企补偿矛盾。为了解决村民和企业在安置补偿上的矛盾，金星村细化完善补偿方案。征地补偿安置方案作为农村集体土地征收过程中最重要的法律程序及法律手续，也是行政征地机关与被征地农民签订征地补偿安置协议的前提及直接依据。金星村根据补偿人群（本村村民及世居居民、非本村村民、村集体）、补偿类型（复建补偿、货币补偿）的不同，设置不同补偿原则，并对搬迁补助费、临迁补助等进行详细规定。为鼓励村民积极搬迁，金星村在搬迁补偿安置方案中

图1-3　增城区旧村改造项目报批程序

制定了相应的签约搬迁奖励政策，首批签约或首月搬迁的可拿到不同的奖励，高额奖励极大提高了村民的搬迁积极性。

三是科学化建设村民安置回迁房，解决政村矛盾。一方面，优先建设村民安置回迁房。为了解决安置房建设缓慢的问题，增城区将村民安置回迁房建设的优先级提高，加强组织领导，多途径协同推进回迁房安置工作，要按照倒排工期的方式，逐项监督落实，稳步推进全区回迁房安置工作。另一方面，合理选取安置回迁地址。为尊重村民意愿，金星村在安置区选址遵循原址安置回迁的原则，得到村民广泛认可。荔城街立足金星村的实际情况，本着“整村改造、分区实施、先易后难、科学规划”的原则，将整个旧村改造项目分为三个片区依次推进，每个区重点建设不同的公建配套设施，在一区推进建设时重点建设小学、幼儿园等，保障教育配套资源优先落地，在二区重点建设养老设施、卫生服务设施，在三区进一步配备教育配套资源。科学化推进安置房建设，切实保障了村民利益，解决了村民和政府之间关于回迁安置的矛盾（见表1-5）。

表1-5　金星村三个片区主要设施建设情况

区块	主要设施
一区	分别建设安置区、融资区、复建国有、公建配套（24班小学、18班幼儿园、文化设施、公交首末站等）
二区	分别建设安置区、融资区、复建国有、公建配套（养老设施、卫生服务设施等）
三区	分别建设安置区、融资区、公建配套（24班小学、幼儿园、66班九年一贯制学校等）

四、有序推动旧村改造的政策建议

一是重塑发展愿景。尽管广州在旧村改造中基本做到了使其建筑景观、居民生活与周边城市建成区完全一致，也充分考虑了改造后所必备的城市功能，但是现在的村民即将来的市民对祖祖辈辈所处的这块土地未来的规划前景以及自己在其中应当扮演的角色明显了解不足。因此，要推进城中村改造进度，有必要完善改造目标，解决“为改而改”问题。应提倡“以人为本”“以产业为基”，要真正解决如何提高生活水平，促进经济发展的长远利益问题。特别是改造前有较高比例依靠现有资源谋取生活的村庄，在改造后到底靠什么去生存、发展，是改造过程中必须予以高度重视的问题。除此之外，还应结合集体经济组织改制、农村社区转为城市社区、社会保障、社会救济等相应目标辅以设计。

二是强化规划引领。旧村改造应打破原行政村的区域禁锢，服从城市整体功能布局、景观要求，在城市总体规划的指导下，通过完善道路系统、合理组织交通、制定合理控制指标体系等手段，真正将城中村融入城市进行统一规划、统一配套、统一发展。尤其是要重视改造区的产业发展规划问题。当前，改造区规划主要注重于建设规划的概念，而通过规划深入研究解决改造片区经济问题的能力不足，以及规划对经济空间布局的协调作用和对不同主体经济利益的调配能力没有很好地发挥出来。除一般的居住、公寓及生活功能外，还应特别注意充分利用现有资源、区位优势，合理预留产业发展用地和合理布局产业，增加商业、文化、娱乐以及部分研发孵化及专业展场等多项功能，带动相关产业，以此提升相关主体改造积极性。与主城区相比，要改造的城中村区域的规划管理尚未形成成熟的模式，无论规划编制还是规划实施过程都需继续探索与总结。

三是优化制度供给。实质上，城中村改造主要由改造目标、政府作用、改造主体、改造形式、筹资方式、土地权属变更、管理体制变更、政策及程序等诸多要素构成。不同要素不同的组合，加之各环节运用不同程序，表现出各地既有相同的做法，也有较大的不同。改造中，有必要探索不同要素组合、施行不同程序，通过完善政策供给和机制建设，会大大加快改造进度。

四是创新工作机制。比如建立联席会议制度，定期举办联席会议，按照属地管理原则，遵循有呼必应要求，切实解决执行中遇到的问题和困难。组成工作小组，建立拆迁动员岗位制度、宣传制度、信访制度。工作人员从不同的单位临时抽调过来，可由拆迁属地镇街集中管理，同时作为一个有组织、有纪律的团体来抓。实行“一联双进”制度。让干部党员划片联系拆迁户，明确分工，责任到人，做到思想沟通进户、政策宣传进户。同时，积极引导群众正确认识和掌握拆迁安置的有关政策，理性对待拆迁安置中的矛盾和问题，把疏导工作做在前，赢取群众的信任和支持。宣传舆论到位。坚持把宣传工作贯穿于拆迁整治工作的始终，把群众的思想工作做实、做细。每开一个新片区，区级报纸、政府网站等主要媒体配合，把握舆论导向，营造宣传氛围，引导动员全社会关心、参与、支持更新改造。

五是构建信任体系。重视三轮事前征询制度。第一轮为改造意愿征询，第二轮是建立在第一次征询的基础之上的拆迁补偿方案征询，第三轮为实施方案征询。鼓励和支持村民参与补偿安置方案的制定。鼓励和支持村民聚焦产业发展、区域发展，为片区规划和实施方案献计献策。提高民情恳谈制度实施效果。采用拆迁群众参与小组恳谈讨论会的办法，让群众自主评判拆迁的必要性，充分表达对拆迁的顾虑，积极探讨拆迁补偿的有关办法，拆迁工作组认真接受群众的质询，及时根据群众的意见调整策略。充分发挥退休干部或返乡能人的作用。在城中村及老旧社区改造这样一种必然趋势下，必须重视改造村的人力资本开发，要重视返乡、回乡人员，比如退休教师、干部等，要从这些人员里面发现并培养多主体间沟通媒介、诉求表达代表。为使这些人更好发挥作用，需要通过制度性供给，破除他们参与改造工作的瓶颈。从改善参与改造工作人员结构、未来村治理结构来看，这都是值得大力推动的一项工作。搭建立体化监督平台。对旧改工作进行多层面、全方位的监督，包括内部监督、群众监督、媒体监督。实行民意“直通车”，主要包括区级领导干部接访、区长公开电话、镇街电话受理承诺三项内容等。畅通村民诉求表达渠道，有疏有堵，正确对待村民的合理诉求，推动旧改工作顺利进行。

综上，旧村改造过程虽复杂烦琐，但实质仍是利益的再分配，而程序不过是载体，只有确立整体改造观念，确保利益相对公平，协调处理好实质与程序、近期建设和长远发展的关系，根据当地实际情况，采用灵活多变策略，才能快速、合理、合法推进项目进程。

第二章

广州对旧城的改造

旧城改造一直都是广州城市更新的重点内容之一。所谓旧城，即不能满足人民群众居住要求和城市经济发展的、功能不完善、配套不齐全的城市区域。[①]而旧城改造一般指依据城市发展所需，在城市老旧区域实施的再开发、再修复以及保护的城市改造建设，[②]因此，也称城市再造、城市再生或城市复兴等。我国的旧城改造大概经历了三个阶段：计划经济时代的“维持型改造”、市场经济时代的“发展型改造”以及后市场经济时代的“改革型改造”。[③]（见表2-1）广州的旧城改造亦经历了从慢到快、从简单粗暴再到致广大而尽精微的转变历程。“十四五”期间，广州如何更加科学有效地谋划旧城改造工作，实现老城市新活力、“四个出新出彩”，是一个值得思考的问题。

表2-1　我国旧城改造的三个阶段

方面	维持型改造	发展型改造	改革型改造
时间阶段	中华人民共和国成立之后至改革开放初期	改革开放至2006年	2006年至今
改造特点	国家全额投资，维持大部分现状，改造力度较小	大拆大建，致力于推动城市经济增长，环境物质性改善明显	维护修缮为主，重视文化和老城环境保护，具有公益性
参与力量	政府	政府、开发商	政府、开发商、公众
利	改善旧城居住条件，优化居住环境	经济效益提高，城市现代化进程加速	公众利益得到重视，体现人文价值
弊	经济效益较低，政府财政负担重	政府与开发商利益合谋，引发严重的社会问题	财政投入比较大

① 陈群元、喻定权：《对房地产开发主导下的旧城改造的思考》，《城市》2011年第6期。

② 宁晓锋、臧俊梅、田光明等：《我国旧城改造研究综述》，《广东土地科学》2018年第2期。

③ 陈毅、何萌：《政党主导旧城改造：党建引领、社区治理与服务供给——以上海市S区58个旧街坊整体改造为例》，《中共天津市委党校学报》2021年第3期。

一、广州旧城改造中的老旧小区微改造

广州的老旧小区微改造工作在国内起步较早，其前身是始于2000年的以政府为主导的危改工程和城市美化运动。2015年，广州成立城市更新局，并针对前期实际改造过程中呈现的改造目标相对局限、效益较为短期、方式基本趋同、主体以及效果相对单一等问题，逐步探索“微改造”的模式，强调多元主体参与，提高改造综合效益。至此，老旧小区微改造问题开始逐渐浮出水面并提上议事日程。自2016年起，广州便开始着力推进老旧小区微改造工作，由广州市城市更新局牵头，各区政府为第一责任主体，对2000年之前建成的环境条件较差、配套设施不全或破损严重、管理服务机制不健全、群众反映强烈的779个老旧小区全面实施微改造。据统计，截至2021年底，广州已完成老旧小区改造787个。

（一）老旧小区微改造的主要做法与成效

第一，先行先试与有序推进相结合。针对老旧小区微改造无先例可循、无规范可依的问题，广州结合实际积极探索建立起一套行之有效的制度规范。一是初步形成相对完备的政策体系。特别是印发实施《广州市老旧小区微改造设计导则》，从顶层设计、机制保障、技术支撑等方面入手，对“水、路、电、气、消、垃、车、站”等建设内容及建设标准做了明确的规定和详细的指引，使老旧小区微改造工作真正做到有章可循。二是构建起市、区联动的实施机制。通过加强计划统筹、简化工作流程和创新实施模式，有效实现微改造工作的上下衔接和有序推进，大大提升改造效率。

第二，改造重点与民生关切相结合。在改造过程中，广州始终坚持“以人民为中心”的发展理念，把解决老旧小区居民的民生关切作为首要任务。一是补齐短板，重点完善基础配套。将用水、用电、用气、消防等基础设施升级作为规定动作，以市财政补助为主推进改造，优先解决民生问题。二是拆除违建、新增绿化，增加居民活动场所。三是确保安全，扎实开展三线整治。四是便民出行，推进旧楼加装电梯。五是保护环境，探索智能垃圾分类等。

第三，社区改造与基层党建相结合。一是加强党组织领导统筹作用。各区将老旧小区微改造作为惠民生的书记项目，实行区委书记统筹、区委常委分片指导，确保民生实事一管到底。二是发挥基层组织凝聚协调作用。构建以社区党组织为核心的“区—街—社区—网格—楼宇”五级党组织协调机制，组织居委会委员、党员干部、居民代表、楼（组）长、辖区单位、社会组织等共同协商改造问题。三是发挥党员先锋带头作用，促进党群共建。

第四，居民自治与社会参与相结合。从政府“一条腿”走路变为居民、企业、专家等多方共同参与，推动营造共建共治共享的社会治理格局是广州市老旧小区微改造的主要特色之一。一是社区居民全程参与。充分尊重居民意愿，建设管理委员会或业主委员会等组织监督改造，将居民满意度作为检验改造效果的基本依据。二是社会力量广泛参与。举办老旧小区微改造方案设计竞赛，组建社区规划师等专业志愿者队伍，提升改造专业水平。三是鼓励多方资金投入。包括居民自筹、产权单位出资和引入市场资金等。如越秀区梅花路小区由产权单位投入300万元支持改造，荔湾区永庆坊项目引入万科集团投入资金建设运营，均取得了很好的效果。

通过微改造，我们看到，不少老旧小区得以焕然一新，重焕生机，社区居民生活质量也有了显著提升。一是改变的更新理念。微改造不是大规模的推倒式重来的物质改造，而是小规模、分阶段的渐进式的微调或更新，或满足小区基础需求，或传承小区原有的历史风貌，或彰显小区的时代特色，使城市功能、产业结构与人居环境相得益彰，和谐与共。与传统城市更新中的“大拆大建”相比，老旧小区微改造通过循序渐进的修复，不仅达到了美化效果，而且保留了原有文化特色，避免了“千城一面，千区一色”的尴尬，开创了社区更新新模式。二是促进社区和谐。广州推行的老旧小区微改造，虽然由政府主导，但提倡改造与治理并重，由小区业主、基层党组织、社会组织、物业公司等各方主体共同参与，群策群力，有着广泛的群众基础。具体措施包括搭建居民议事平台、建立公众参与的项目评估机制、成立老旧小区建设管理委员会等。总之，通过探索共建共治共享社区治理新路，让群众有了更多的获得感、安全感和幸福感，社区凝聚力明显增强。三是提升生活品位。随着老旧小区微改造工作的持续推进，一批又一批老旧小区得以重焕活力。不少老旧小区通过微改造后，老房子翻新了，社区敞亮了，绿化更多了，公共配套健全了。如改造后的兴隆东社区面貌焕然一新，仰忠社区一片鸟语花香，稔岗社区更加干净整洁，怡乐里社区居民幸福感增强，农林上路社区古香古色，丹桂里社区环境优美，耀华社区还入选了市级容貌示范社区。

（二）老旧小区微改造的主要困境与障碍

尽管通过前期努力，广州老旧小区微改造已然取得了令人欣喜的成效，但同时我们也看到，改造工作仍面临着诸多艰巨的问题。随着小区住房楼龄的增加，部分设施达到或接近使用年限，可以预见近几年老旧小区的改造数量还会爆发式增长，如何妥善应对增量需求也将成为一个难题。同时，由于历史原因、地理位置、建造年限的不同，老旧小区微改造很难找到标准化的改造方案，再加上改造过程中协调难度大、产权关系复杂、审批周期长、社区管理参差不齐等问题，无不对相关部门工作的开展提出了严峻的挑战。总之，广州老旧小区微改造工作仍面临时间紧、任务重、压力大的紧迫局面，其主要困境与障碍表现在以下四个方面：

一是群众诉求多元化，沟通协调难度大。老旧小区微改造事关居民切身利益，势必会引发广泛关注。由于对政策理解不到位，再加上老旧小区居民关注的问题各不一样，改造方案很难达成一致。很多居民遇到与自己利益相关的事情就热情，反之则冷漠。如涉及违章建筑整治的问题，利益相关者往往会多番阻挠。在共同筹措资金方面，不少居民也容易持反对意见。特别是多层住宅加装电梯，往往会因加装方自身意见的不统一、费用分摊不确定等而难以成功推进。此外，老旧小区微改造还涉及市、区、街道、社区和规划、建设、房管、城管、园林绿化、公安、民政、财政等多个部门，以及水、电、气、通信、网络等多家相关单位，任何一方协调不力，都会影响改造的整体进度。

二是财政资金难兜底，后续管养成问题。广州老旧小区微改造的费用基本上是以市、区两级财政补助为主，从总体上看，公共财政补贴仍是微改造项目资金的主要来源。如为推动779个项目的完成，广州三年间预计投入的财政资金多达50个亿。尽管在老旧小区微改造工程的初始阶段，政府主导是常态，但是微改造是一个渐进、持续且长期的过程，如此投入对政府来说无疑是一个很大的负担。而且，对那些已改造完成的小区，由于小区物业管理体制滞后及其他历史原因，绝大部分公共设施的后续管养仍由政府负责兜底，这也给政府财政带来很大的压力。因此，老旧小区微改造成果的后续管养必须明确相应的维护主体并有持续的资金保障。若非如此，则很难使微改造进入良性循环并进而让改造的福利发挥长久的作用。

三是市场运作不充分，公私合作待深化。据悉，广州老旧小区微改造由广州市城市更新局牵头，各区政府为第一责任主体。也就是说，政府仍是老旧小区微改造的主要甚至是支撑性力量。尽管有个别地方引入了市场资源，如天河区车陂街在微改造中引入三大电信运营商合作，一举解决了三线整治的难题；广州市荔湾区永庆坊按照“政府主导、企业承办、居民参与”的形式，通过公开招商引入了万科集团建设及运营，最终实现了政府、企业和居民的共赢。但由于连片改造的案例不多，且公私合作仍处于摸索阶段，相关制度和方法都还不成熟，因此总体上类似这些做法仍难以复制并推广，公私合作还有待进一步深化。

四是改造内容偏单一，整体品质待提升。一方面，表现在改造主要还是在“硬件”上做文章，重表轻里，在一定程度上忽略了人、文、地、产、景等各类小区发展要素的齐头并进和整体协同，特别是老旧小区文化建设和公共精神的重塑仍是一个短板，容易出现一条腿长一条腿短的问题，改革成效也难免会打折扣。另一方面，则表现在当前的改造重点轻面，整体融合还有待增强。如受地理环境和其他因素的制约，广州连片改造的情况比较少。绝大多数老旧小区都是以局部更新为主，还并未站在战略的高度去对改造小区与所辖区域的整体融合特别是文化融合和产业融合进行更高层次的通盘考虑，因此，在改造过程中难免会出现类似资源整合乏力、产业重复甚至区域整体活力不足等现象。

二、广州旧城改造中历史文化街区的保护与发展

广州是1982年我国第一批公布的24个国家级历史文化名城之一，历史文化街区主要分布在老城区内，如北京路历史文化街区、新河浦历史文化街区、沙面历史文化街区、上下九—第十甫历史文化街区、恩宁路历史文化街区等。自颁布《广州历史文化名城保护条例》以来，广州在构建历史文化街区保护与活化利用方面积累了不少成功的经验。

（一）广州对历史文化街区保护成效明显

一是已出台一系列保护规划法规，奠定了历史文化名城保护的制度体系。自颁布《广州历史文化名城保护条例》以来，广州先后制定了一批具有地方特色的政策规定。《广州历史文化名城保护规划》是广州第一版历史文化名城专项保护规划，自启动编制至批准实施经过多年的探索，该文件系统建立了广州历史文化名城保护体系，明确了广州历史文化名城保护的基本方向，是指导广州历史文化名城保护的纲领性文件。历史文化名城保护的范围覆盖了文物、历史建筑、历史文化街区、历史风貌区、名镇名村等领域，制度的规范性、约束性和导向性显著增强。《广州市城市总体规划（2011—2020年）》从2003年开始启动编制，2016年获得国家批复，

提出了山水环境与格局整体保护的城市设计框架，突出对历史城区的整体保护。在空间体系上，首次从“市域、历史城区、历史文化街区（历史文化保护区）、文物古迹”四个层面进行规划保护。初次划定了广州的历史城区范围，明确了受保护的历史文化遗产，包括20.39平方千米的历史城区、26片历史文化街区、19片历史风貌区、93个历史村镇、40条骑楼街、77个非物质文化遗产。认定被保护历史建筑两批共478处，实现了广州历史建筑保护零的突破。广州市人民政府印发的《广州市城市更新办法》中第六条规定：“城市更新应当坚持历史文化保护，延续历史文化传承，维护城市脉络肌理，塑造特色城市风貌，提升历史文化名城魅力。城市更新应当根据不同地域文化特色，挖掘和展示名城、名镇、名村和历史街区、旧村落、历史建筑等文化要素和文化内涵，传承城市历史，发挥历史建筑的展示和利用功能，实现历史文化产业保护与城市更新和谐共融、协调发展。”

二是逐步完善管理运行机制，市、区、街三级联动管理机制初步形成。全市已经形成了以城乡规划、文物部门为主，国土房管、城市管理、建设、工商行政、公安消防机构和城市管理综合执法机关等多部门配合、按照各自职责协同管理的机制。区人民政府为属地责任主体，市、区两级相关责任部门按照文化遗产保护联动制度的要求具体落实历史建筑和历史风貌区的日常监管和保护工作。

三是开始注重公众参与，听证协商，关注市民权益。其中尤以荔湾区恩宁路的改造最为典型。集“最美骑楼街”与“拆迁主题公园”于一身的恩宁路是广州现存最古老、各时期建筑保留最完整的历史文化街区，位于西关文化的核心区。始于2007年的拆迁改造一度遭到居民、专家、志愿者、社会组织、市民的反对，个中原因就在于缺乏向当地政府表达意见与诉求的渠道与平台。2018年，由专家学者、政府代表、社区代表等15人组成的恩宁路改造项目顾问小组在政府委托下成立，这是广州地区文化街区改造项目推进过程中首次出现的有组织的公众参与活动。由此，恩宁路也成为广州第一个由最广泛利益方搭建公众参与平台的历史文化街区改造项目。

（二）历史文化街区保护存在的主要问题

一是理念缺乏创新，规划相对滞后。自《广州历史文化名城保护条例》颁布以来，文化遗产保护从保护理念、保护思路、保障措施以及管理程序、公众参与等方面，都发生了很大变化。尤其是对于历史文化街区中文化资源活化利用、文商旅融合发展等方面，其他城市都有许多成功做法和经验。虽《广州历史文化名城保护规划》已经获批，但历史城区保护规划和历史建筑保护规划尚未编制，历史文化街区和历史风貌区保护规划仅有少部分编制。二是政出多门，产权复杂，联动管理运作不畅。现在的管理机制形成于计划经济时代，权属部门众多、管理分散、产权复杂，造成历史文化街区保护和活化等各项工作难以形成合力。三是人员短缺、管理手段落后。人才缺乏是历史文化街区保护与活化的“短板”，尤其在基层，各区的文物、历史文化街区保护管理与活化利用专业人员缺口严重，管理手段缺乏创新。四是公众参与不足，社会组织发育不全。由于机制不健全、信息不对称，很多情况下公众参与面临参与平台缺乏、参与意愿不强、参与能力不足的困境。五是以政府为主导的投入不够，社会资本调动又不足。从2013年开始，广州文化遗产普查与文物保护修缮资金有了一定的保障，但历史文化街区的保护与活化资金难以进入政府的预算盘子。而商家不是慈善家，永远是以利益最大化为终极目标。这些情况导致仅留存的几条仿古大街可能终将淹没于林立的高楼群中。

三、广州旧城改造的路径优化

为了大力推进广州旧城改造工作，实现旧城区的可持续发展，无疑还需从以下几个方面着手：

（一）紧扣核心诉求，强化协商协同

旧城改造是一项民生工程，更是一项民心工程。因此，在改造过程中，应始终坚持把人民的利益放在首要位置，将小区居民需求作为微改造的出发点和落脚点，力争做到问需于民、问计于民、问政于民、问效于民。为此，一方面要进一步完善议事机制，通过拓展渠道、搭建平台，充分调动居民参与的热情，鼓励更广泛的协商参与。将居民满意不满意、高兴不高兴作为衡量改造成效的根本依据，从而达到公私权力的平衡，减少改造阻力。另一方面，要建立健全旧城改造管理体制和工作机制，推动不同层级政府和各级职能部门之间的常态交流和联动，加快形成上联政府、下至社区、各司其职、科学高效的管理格局。特别是在行政审批事项上，要改变多头报批、审批时间过长拖慢项目进度的现状，对微改造项目进行集中审批，切实提高审批速度，确保广州旧城改造稳步推进。

（二）拓宽筹资渠道，健全支持体系

旧城改造投入巨大，没有雄厚的财力支撑，难以持续。因此，首先应继续加大政府投入，并建立自然增长机制。其次应持续加大吸引市场和社会资本投入的力度，鼓励企业捐赠，充分发挥广州城市更新基金或其他社会公益基金对旧城改造的扶持和推动作用。再次则要积极鼓励私人投资特别是鼓励居民自筹资金；通过逐步提升老旧小区物业收费和运营标准，探索成立社区更新基金或激活小区物业维修基金等方式，增强小区自我造血功能。最后，还可充分发挥老旧小区的区位优势，通过对小区公共空间和设施特别是停车场、新装电梯间等进行有偿运营并明确综合收益归属等方式来盘活资源，多渠道拓宽改造资金的来源。

（三）深掘合作空间，重塑多元格局

旧城改造是一项长期系统的工程，绝非政府一己之力能承担，群策群力、共建共治才是正举。因此，首先，应强化党建引领，确保党始终总揽全局、协调各方，让党组织在微改造工作中唱主角。其次，应充分发挥社会组织在旧城改造中的作用，通过深化优势主导型“五社联动”[①]，实现微改造与社区居民需求的精准对接。最后，应进一步拓展公私合作内容，深化合作程度。一方面，加大对企业代建、国企平台、项目总承包和BOT（建设—经营—转让）等模式的探索应用力度，同时规范相关制度安排，完善信息公开和监督机制，提升合作成效和质量。另一方面，可效仿英国旧城改造经验，尝试成立城市开发公司或城市重建公司，通过或独立开发，或与政府合作的形式，对老旧小区进行再规划和再开发，提高旧城改造的水平和效率。

（四）丰富改造内涵，实施有机更新

旧城改造绝不仅限于旧建筑、旧设施的翻新或是社区景观的变化，而是一个包含了土地功能置换、产业提升、空间优化、历史文化保护等多方面工作的系统工程，是对老旧小区甚至小区之外的整个街区环境、功能和形象的整体提升。特别是站在新的历史起点上，广州的旧城改造无疑应致力于在经济、社会、物质环境等各个方面对处于变化中的旧城做出长远的、持续性的改善和提高，促进旧城改造从简单的单维改造向着更综合、更全面的多维改造转变。因此，在接下来的旧城改造工作中，广州应重点处理好三大关系：一是处理好表与里的关系，着力推动旧城改造从侧重物理环境改善向关注城区内涵提升转变。通过延续城市记忆、保留精髓以及创新文化形式、重塑公共精神，做到内外兼修。二是处理好局部与整体的

---

① 所谓“五社联动”，即社区、社会组织、社工、社会资源及社区自治组织的联动。

关系，着力推动旧城改造从侧重局部更新向关注整体协同转变。通过整体规划跳出特色打造的窠臼，解决好一条腿长一条腿短的问题。三是处理好短期与长期的关系，着力推动旧城改造从侧重短期修整向关注长期的社区营造转变。切实做到旧城区从面貌到秩序全方位的更新与重构，实现区域共治共生。

（五）创新制度机制，激发街区活力

首先，出台支持与引导历史文化街区保护与合理活化的相关政策。已出台的《广州市历史文化名城保护条例》由于是纲领性的，无法关注到许多具体问题，应研究制定相应的配套措施，出台一批针对性政策，引导区域内文化资源有序利用。中共广州市委、广州市人民政府可从资金、土地、物业、政策等方面支持历史文化街区保护和活化项目，协调土地资源、投入资金，解决相关配套问题并协助争取上级各类旧城改造、文物保护等试点政策及扶持资金。可借鉴福建福州、四川成都等城市整合利用土地、物业资源的经验做法，将历史城区内收储的土地和国有企业闲置物业，通过委托管理、资本注入、划拨等方式，由市政府实行统一管理和活化改造。其次，推动政府职能转变，优化管理体制。在职能方面，合理界定政府、社会、市场三者在历史文化街区领域的职能边界，并积极争取社会各阶层的支持；在管理模式上，由单一运用行政手段逐步过渡到综合运用法律、经济等多种手段；在规模上，鼓励社会组织和社会资本无障碍进入历史文化街区的规划、更新与管理领域。对于较大项目，如北京路文化核心区项目，可通过市、区共同出资，邀请社会资本加入的方式，成立混合型项目建设公司，负责项目投资运营，通过市场运作，增强土地与物业资源集约利用水平。最后，加快编制街区规划，构筑历史文化街区保护体系。针对大部分规划尚未编制的现状，建议整合广州历史城区已有控制性详细规划成果，尽快编制广州历史城区及单立的历史文化街区保护规划、广州历史文化街区整体城市设计及控制性详细规划，以及广州历史建筑保

护修缮规划等，对历史街区保护与活化提出针对性的要求。

总之，旧城改造是一项长期系统的工程，其最终目的应是经由党委和政府引导，以微改造为契机和纽带，推动居民积极参与城区改造，并逐渐构建起良性的社会关系网络，促进社会公共意识的形成和整体发展，使旧城不仅在硬件上实现质的提升，而且在软件上实现质的蜕变，真正成为一个宜居、宜业、宜游且充满生机活力的载体。

第三章

广州对旧厂的改造

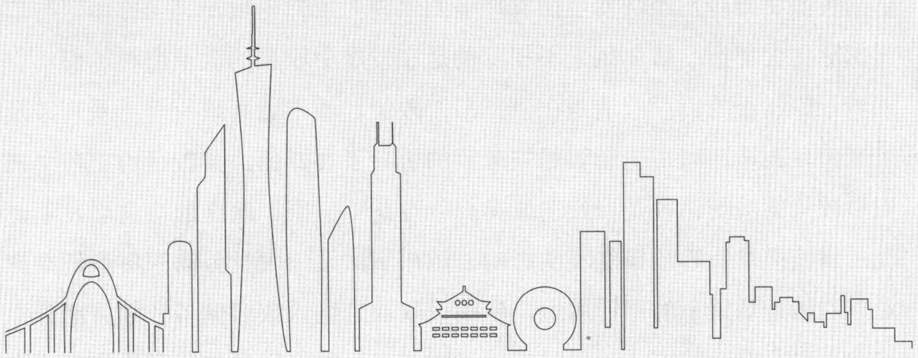

当前，我国已进入国土空间治理的新时期，各地积极探索绿色转型、推进生态文明建设、推动新旧动能转换，尤其是超大城市，已经从增量发展逐步转向存量优化。充分挖掘存量空间和流量空间的价值，提升综合发展质量，促进城市品质提高，是新时期广州城市更新面临的挑战。旧厂改造作为城市更新的重要抓手，在解决城市发展不平衡不充分问题中发挥不可或缺的作用。新时期，全面推进旧厂的有机更新，对于提升城市内在质量、促进新旧动能转换、实现产业链的整合和土地价值增值以及传承城市历史文脉都有着长远而重要的意义。

一、广州旧厂改造的历史沿革

向前追溯，广州是历史古城。秦汉两代，广州是繁荣都会。宋清两代，广州是首屈一指的对外贸易大港。进入当代，特别是改革开放以后，广州当仁不让地成为中国改革开放的“排头兵”之一，在工农业和对外经贸等领域，一路高歌猛进、遥遥领先。在经济高速发展的同时，发展空间对广州的限制和阻碍效应也开始凸显。一方面，广州市在快速发展的过程中不断扩张城市边界，土地资源消耗较大，建设用地缺口不断增大，土地供需失衡使得广州经济发展面临严重的“硬约束”困境。另一方面，与广州国际化大都市品质和风采不相称的是在发展中积累的大量旧村、旧厂、旧城。广州市的旧厂改造是在“三旧”政策、城市更新政策等一系列涉及“三旧”改造、城市更新等相关政策的引导下展开的，其改造历史与“三旧”政策的演变路径是一致的。第一阶段是“三旧”改造的快进爆发期，受“腾笼换鸟”等政策红利的影响，广州淘汰了一大批劳动密集型低端产业。对搬迁后留下的旧厂用地，广州采取部分纳入政府储备计划、部分由原业主自行改造的方式。同时，放权让利，鼓励旧厂房采用多元化模式进行改造，与原土地权人共享土地增值收益。政府的举措激发了旧厂再开发的动力，这一时期旧厂改造也进入爆发期。至2012年底，约有220多宗国有土地私营旧厂改造获得批复。[①]在这些旧厂改造项目中，由于业主与市场的趋利性，改造中提供的公共服务设施十分有限。第二阶段是“三旧”改造的优化调整期，旧厂改造也进入调整阶段。这一时期，由于政府管控力度加大，旧厂改造的门槛提高，旧厂改造项目与第一阶段相比明显减少。据统计，2012—2014年间，共有30多宗市属国资旧厂进行了改造。[②]第三阶段是“三旧”改造的深化完善期，政府提出以多种改造方式促进国有旧厂更新，并针对自主改造和政府收储两种改造模式，制定相应的土地出让和收益补偿政策，这些政策措施对推动旧厂改造成效明显。这一阶段较为成功的典型案例是海珠区旧厂改造项目和荔湾区旧厂改造项目。

二、广州旧厂改造的基本特征

广州市旧厂房总体规模较大，改造用地面积、权属类型在空间分布上存在较大差异，在地产业普遍质量不高，整体呈现多极分布、地块破碎、实施较难的特点，更新改造的土地价值捕获有较大的挖掘潜力。

一是区域差异较大、地块相对零碎。根据广州市第三次全国土地调查成果，梳理广州市旧厂房图斑合计14297个，面积205.24平方千米；超过九成面积的旧厂房地块土地利用开发强度较低，容积率低于1.5的旧厂房地块数量占比87.7%，涉及地块面积占比92.9%。白云区、番禺区、花都区、增城区、南沙区、黄埔区旧厂房存量规模大，改造潜力大，约占总面积的

① 姚之浩、田莉：《21世纪以来广州城市更新模式的变迁及管治转型研究》，《上海城市规划》2017年第5期。

② 刘晓妮、胡珊：《从规划实施视角探讨城市旧厂更新机制优化：以广州国有旧厂改造为例》，中国城市规划学会历史文化名城规划学术委员会编《保护与传承：历史文化遗产保护青年学术论文集》，机械工业出版社2021年版，第1530-1538页。

89.1%。花都区、南沙区、天河区、从化区旧厂房地块平均面积大于2万平方米，连片成片改造效益较高；白云区、越秀区地块平均面积不超过1万平方米，用地破碎、亟待改善。（见表3-1）“十三五”时期，增城区批复旧厂房改造项目49个，排全市首位，占批复项目总量的43.8%；黄埔区批复20个旧厂房改造项目，排名第二；中心城区内的旧厂房改造项目批复数量均有较大幅度的下降，越秀、荔湾、海珠、天河降幅均超过70%。

表3-1　广州市第三次全国土地调查各区旧厂房地块数量和面积汇总表

序号	地区	数量 / 个	数量占比 / %	面积 / 平方千米	面积占比 /%	平均地块面积 /（ $\times 10^4$ 平方米 ）
1	白云区	6431	45.0	60.66	29.6	0.94
2	花都区	1527	10.7	34.49	16.8	2.26
3	番禺区	2425	17.0	34.30	16.7	1.41
4	增城区	1346	9.4	24.68	12.0	1.83
5	南沙区	790	5.5	18.10	8.8	2.29
6	黄埔区	586	4.1	10.63	5.2	1.81
7	从化区	313	2.2	7.63	3.7	2.44
8	天河区	207	1.4	5.16	2.5	2.49
9	海珠区	292	2.0	4.79	2.3	1.64
10	荔湾区	366	2.6	4.66	2.3	1.27
11	越秀区	14	0.1	0.14	0.1	1.00
总计		14297	100.0	205.24	100.0	1.76

二是更新项目权属复杂、实施难度较大。根据广州市第三次全国土地调查成果，广州市旧厂房图斑国有用地面积达116.95平方千米，占比57.0%，数量5351个；集体用地面积达87.38平方千米，占比42.6%，数量7156个；单个图斑存在多种地类或其他非正常情况的待确认地块数量占比约为12.5%，实施更新改造需进行土地确权等程序，改造难度相对较大。旧

厂房图斑内正常营业企业有8.15万家，约占93%；非正常登记状态（清算、营期满、待迁入等）企业约占7%，其中待清算企业数量达5000余家。各区旧厂房图斑从在营企业占比看，白云区、番禺区与天河区的在营企业数量占全市旧厂房在营企业的72.4%。旧厂房图斑内涉及缴税在营企业4.4万余家，其中约六成旧厂房无税收贡献，城市外围地区旧厂房地均税收普遍较低，地均税收贡献低于0.1亿元/平方千米。旧厂房图斑内在营企业约35%为制造业，26%主要经营低端批发贸易，13.4%从事中高端科技研发工作；其中黄埔区、天河区、荔湾区与越秀区范围旧厂房图斑内的批发零售业企业占比均高于制造业企业，越秀区、天河区旧厂房图斑内企业的批发业占比接近40%。

三是用地效率有所提升、更新进程减缓。“十三五”期间，广州市批复项目平均改造用地面积为60600平方米，是“十二五”期间批复项目平均改造用地面积55000平方米的1.1倍。其中，2017年、2018年批复项目的平均改造用地面积分别高达75900平方米和70900平方米，大型项目主要集中于荔湾区、番禺区和增城区。“十三五”期间，广州市批复旧厂改造项目112个，总计推动改造用地面积678.25万平方米，较“十二五”（209个，1148.96万平方米）有较大程度的下降。总体而言，“十三五”期间广州市旧厂房批复情况呈现逐年稳步提升的趋势，2020年批复量达到了35项，较2016年的批复量增长了近5倍。

四是全面改造占主导、政府收储作用明显。“十三五”时期，广州市旧厂房改造项目以全面改造为主，项目数量为103个，改造面积达644.82万平方米；微改造项目有9个，改造面积为33.43万平方米。“十三五”时期旧厂房改造批复项目以政府收储为主，以政府收储为改造模式的旧厂房批复项目有76个，占总数的68%，较“十二五”政府收储的旧厂房批复项目占比（44%）有较大的上涨。

五是初步理顺更新机制、地产发展导向依旧明显。广州市旧厂房更新改造工作从“单打独斗”逐渐走向“多部门协同配合”，市级层面先后出台了旧厂房改造相关的工作方案、规范性文件、技术规范等近20项。如

《广州市深化城市更新工作推进高质量发展的工作方案》《广州市提高工业用地利用效率实施办法》等，内容涉及城市更新、产业用地保障、科技创新支持、工业用地供后监管等。但与此同时，据统计，2015—2019年，广州市旧厂房更新改造主体以民营企业（60%）和市属国企（29%）为主，改造方向仍以地产为导向，发展工改居（49%）、工改商（28%），用于发展实体经济的改造用地占比偏少。

六是文创和互联网两大产业出现区域分野。总部经济主导下的互联网产业已经成为近些年海珠区旧厂改造的发力重点和主要税收增长来源。海珠区低效工业厂房用地达8.38平方千米。《海珠区产业发展规划（2018—2035年）》指出，到2025年，以琶洲为动力源，以“平台+生态+文化”为特色，推动人才、资本、企业等高端资源加速集聚，促进存量空间高效化、复合化打造，基本形成以新一代信息技术为引领的现代化产业体系，逐步打造生态型现代化中心城区。创新活力不断增强，新一代信息技术占地区生产总值的比重超过15%，高新技术企业数达到800家以上。到2035年，将海珠区打造成以新兴产业技术研发与转化为核心的国际科技价值创新枢纽，以会展为重要平台的国际商贸交往中心，以“产业+互联网”为主导的粤港澳大湾区产业互联网创新中心，最终成为引领广州、服务粤港澳大湾区、辐射全球的创新产业引领区。[①]荔湾区的旧厂改造项目选择了一条有别于海珠区的路径。依据荔湾区自身老城区的文化资源，荔湾区的旧厂改造项目着力推动文创产业发展，包括珠江钢琴厂广州文化产业创新创业孵化园项目、广钢岭南V谷·广州国际智能科技园（简称“岭南V谷”）项目、广船地块央企总部项目、东洛围码头全面改造项目、如意坊码头全面改造项目、环市西路克山七街地块全面改造项目、广州港内四码头升级改造项目等。

① 傅鹏：《“一区、一谷、一湾”打造创新产业引领区》，《南方日报》2019年2月22日。

三、广州旧厂改造的典型案例

（一）海珠区旧厂改造

据统计，截至2021年6月，海珠区纳入“三旧”改造标图建库范围的旧厂地块共415个，占地面积为8.38平方千米。已经完成或正在实施全面改造（含政府收储项目）的旧厂房地块有155个，占地面积为4.66平方千米。其中，通过其他形式实施改造的有135个，经城市更新部门批复实施改造的有20个。已经完成或正在实施微改造（升级改造）的国有旧厂地块有113个，占地面积为1.85平方千米。其中，通过其他形式实施改造的有102个，经城市更新部门批复实施改造的有4个。打造了“广州之窗”、T.I.T创意园等一批新名片，实现了土地集约利用、产业集聚提升，预计可提供高端办公商业面积320多万平方米，拉动固定投资300多亿元，促进了海珠区总部经济的发展。海珠区的成功经验可以概括为三点：一是积极推动旧厂房全面改造。通过实地考察、科学规划，把时机成熟、适合实行全面改造的旧厂房改造项目及时纳入城市更新改造计划，指导业主单位编制改造方案，在严格遵守规定程序的前提下，促进项目尽早实施。二是探索扶持旧厂房微改造。对部分暂不具备实施规划条件的旧厂房，海珠区注重引导用地单位结合海珠区的产业发展导向，做好产业规划和业态策划，注重引导用地单位通过“修旧如旧”的方式，实施“退二进三”“修笼换鸟”，在不改变旧厂房用地性质的前提下将旧厂房转型升级改造为高科技产业园区或文化创意产业园等。如将T.I.T创意园、太古仓码头创意园、启迪中海（广州）科技园一期、工美港等项目成功改造为创意园区和高科技产业园区。以T.I.T创意园为例，广州T.I.T创意园位于广州新中轴线南端新港中路397号，前身为创建于20世纪50年代初期的广州纺织机械厂。从20世纪90年代末起，广州纺织机械厂生产经营逐步下滑，经营情况非常不理想，停产时年产值只有1000多万元。为盘活低效旧厂房用地，广州轻工集团对广州纺织机械厂厂区进行微改造。园区用地面积约为7.5万平方米，总建筑面积约4万平方米，项目总投资2.2亿元。广州轻工集团根据广州市城市更新政策要求，采用原状微改造的模式，对建筑物和园区公共空间实施原状升级，不改变用地性质、房屋权属和建筑物主体结构，以最大限度保留园区老工业厂区有价值的原始建筑体貌特征及原生态环境的方式，对旧厂房进行“修旧如旧”微改造。创意园于2010年正式开园，该项目2008—2011年连续四年被列为市、区旧厂房改造重点项目。园区经过多年的改造探索，园区在保留城市工业发展记忆的同时，使旧厂房用地得以盘活，是传统产业实现战略调整和转型升级的一个成功典范。至2021年底，园区入驻企业近100家，其中上市企业有6家，包括腾讯微信全球总部、爱范儿总部、梁志天设计集团华南总部等；已通过高新企业认定的有4家；独角兽企业/未来独角兽企业有2家，包括药师帮、V大夫。近年园区创新生态聚集效应越来越明显，国内联合办公的标杆企业氪空间与T.I.T创意园合作成立T.I.T氪空间，以园区为原点向华南地区进行拓展；时装界的哈佛“法国ESMOD”高等时装设计学院进驻园区，为园区时尚服装企业的人才需求提供后备支持。园区通过产业转型升级改造，取得可观的经济效益和社会效益，由改造前的连年亏损到租金收入由开园初期的60多元/平方米上升到300多元/平方米，2020年园区年产值约210亿元，纳税约18亿元，就业人数从改造前的1400多人增加至4000多人，形成互联网及创意设计等高端人才聚集地。园区自开园以来备受各界关注，接待国家、省部级领导及各考察、调研团队600多批次，荣获广东省“互联网+创意”小镇、“广东省小型微型企业创业创新示范基地”、国家级纺织服装创意设计试点园区、“粤港澳大湾区风云创意园区”、2019年度广州市总部企业、“广州最具吸引力文创园区”等多项殊荣。园区通过旧厂微改造后，成为广州市旧厂房改造的成功标杆典范，为其他旧厂房改造项目提供辐射和示范作用。自2012年引入腾讯微信全球总部后，园区的生态逐渐融入了互联网科技内容，围绕微信的周边科技产业不断集聚，为此，经过这几年的产业定位调整，现主题定位为“时尚、创意、科技”的T.I.T创意园，以服装时尚产业为基调，以创新创意等新兴业态为加速动力，以科技互联网为主导产业，将传统产业与互联网思维相结合，构建充满活力、可持续发展的产业集群生态圈。①三是加强土地整备盘活低效用地，积极配合市政府推进琶洲、大干围、广纸片区等区域的国有旧厂房统一收储、整体规划、统筹开发，实现高效节约集约用地。

（二）荔湾区旧厂改造

据悉，截至2021年6月，荔湾区有185个旧厂房改造地块（涉及旧厂企业141家）已办理标图建库，用地面积约6.997平方千米。其中自主改造项目有7个，包括珠江钢琴厂广州文化产业创新创业孵化园项目、岭南V谷项目等。改造成效显著：一是盘活低效存量用地，释放空间资源潜力。旧厂改造项目新增了供应住宅用地和商业用地，大大节省了荔湾新增建设用地指标。以岭南V谷为例。岭南V谷位于荔湾区的西南部，北邻海南村，南临珠江，西至花地大道，东至粒铁厂东侧边界，改造前总用地面积为20.23万平方米，总建筑面积为2.64万平方米。岭南V谷项目于2012年获批实施自行改造，改造规划商业金融用地面积为8.3万平方米，总建筑面积为38.89万平方米。岭南V谷项目于2017年3月20日正式开始施工，2021年1月20日完成一期自主改造，包括六栋商业楼、办公楼、裙楼和地下室等建设，以互联网技术及应用、智能装置、新材料三大产业为引领，为入驻企业提供全周期产品，园区物业形态包括创意办公、企业加速器、企业总部办公、滨水商业、人才公寓、精品酒店等。岭南V谷是广州工业投资控股集团有限公司下属开发运营的首个科技园，是市、区重点项目。至2020年10月底，首期20万平方米物业正式交付使用，吸引多家科技型企业入驻。进入“十四五”时期，科技产业集团将以“科技投行”作为战略发展方向，着力打造面向未来高科技产业整合商、科技金融集成服务商和新型产业地产

① 《T. I. T创意园》，https://www.cntit.com.cn/list/14.html.

运营商的“新三商”战略，重点聚焦于把产业地产的有形资源转化成产业投资的无形资源，产业地产和产业投资有机融合、创新协同，整合品牌、策划、政策、资源、金融、服务等要素，构建现代产业发展体系，推动产业集群集聚发展。未来，园区预计引进约500家企业，产值超2000亿元，提供2万～3万个就业岗位。二是促进固定资产投资，实现经济快速增长。2020年荔湾区旧厂改造完成固定资产投资122万元，2021年1—7月已完成固定资产投资78万元。三是促进产业转型升级，实现新旧动能转换。政府收储落实了广钢新城、白鹅潭等重点功能区和发展平台的成片连片储备和开发；及时补充政府土地储备，为房地产市场的平稳健康发展提供中长期用地保障；关停搬迁产能落后企业，引入创新型企业；吸引了广钢、唯品会等企业总部基地落户广州；推动茶叶市场、花卉市场等专业批发市场转型升级，实现空间重构和土地重配，推动优势资源和要素集聚发展。

总之，据统计，“十三五”期间，广州已全面完成109个旧厂房改造项目，改造用地面积约6.78平方千米，占城市更新盘活存量用地（67平方千米）的10.1%。2020年，广州市政府办公厅印发《广州市深化城市更新工作推进高质量发展的工作方案》，提出了城市更新的三年实施计划、五年行动方案和十年改造规划，其中，五年行动方案涉及的旧厂房改造规模20.24平方千米（全面改造18.65平方千米，微改造1.59平方千米）。从总体上看，广州旧厂的改造方式已经逐步从建筑物更新、区域环境更新扩展到了区域结构及功能体系更新、产业结构升级、历史文脉传承等多方面的内容。

四、广州旧厂改造快速发展中遇到的问题

尽管旧厂房改造有力支撑了琶洲国际会展中心、广州国际金融城、白鹅潭商务区等重点平台的发展需求，为全市提升国际化高端城市功能提供了空间保障，但仍存在亟须解决的问题：

一是土地开发利用强度较低。根据广州市第三次全国土地调查成果，梳理广州市旧厂房图斑合计14297个，面积205.24平方千米。其中白云区数量最多，占到45%，但是平均地块面积只有0.94万平方米。番禺区、荔湾区、越秀区三个区域的平均地块面积也都没有达到1.5万平方米，合计数量占比约20%。同时，统计结果显示广州市超过九成面积的旧厂房地块土地利用开发强度较低，容积率低于1.5的旧厂房地块数量占比87.7%，涉及的地块面积占比92.9%。根据对存量资源的详细评估，广州低效存量资源约610平方千米，约占全市现状建设用地1/3。

二是单位建设用地产出率低，税收贡献较少。据统计，环城高速以内平均毛容积率为1.46，内环路以内圈层平均毛容积率为2.22，但毛容积率水平仍低于日本东京和中国香港、深圳等城市。广州当前单位建设用地产出率仅为深圳的53.8%左右。旧厂房图斑内涉及缴税在营企业4.4万余家，其中约六成旧厂房无税收贡献。城市外围地区旧厂房地均税收贡献普遍较低，地均税收贡献低于0.1亿元/平方千米。

三是区域整体规划、综合开发能力欠缺。旧改实施时仍以地块权属线为基本单位，缺乏用地的空间整理，大多数实施难度较低的大型项目已经开展更新，未来的项目更趋零碎化、小型化、复杂化。广州现有旧厂改造项目中用地的空间整理和区域整体规划作用不够明显，存量用地与周边新增建设用地“各自为政”。旧厂、旧村和旧城项目推进时因为利益协调和权属问题缺乏统筹协调，没有做到整合式统一供地。而华为松山湖基地、西安三星基地等大型龙头项目建设用地规模以几平方千米起步，广州用地破碎的特点难以供给大型项目需要的连片规模。

四是缺乏具体的制度规定。广州尚未制定国有旧厂房微改造“工改商”的有关规定和指引，各区改造后的项目大部分都未能取得工程建筑规划许可，无法办理消防验收许可，对招商造成一定影响，影响企业入驻。

五是产业导入能力不足。旧厂房项目改造后的功能一般以居住、商业为主（商业中有一部分用作公寓功能），其建筑面积占比超过90%，改造为工业建筑的面积则不到5%。城市更新用地取得费用远远高出广州工业用地市场评估价格，导致项目主体推进“工改工”[①]动力不足。

六是微改造后的配套政策和措施不完善。虽然政府层面希望通过政策鼓励旧厂房微改造，但在实施过程中主要存在以下两个问题：一方面，旧厂微改造项目必然涉及功能改变的土地确权和地价计收问题。根据《广州市人民政府办公厅关于加强土地管理的实施意见》，“国有建设用地旧厂房改造项目……由国土规划部门确认规划条件，拟定出让方案报市政府批准后，与用地单位签订出让合同，缴交土地出让金”。土地出让金根据《广州市人民政府关于提升城市更新水平促进节约集约用地的实施意见》，“按办理土地有偿使用手续时新规划用途市场评估地价，扣减已缴纳的原用途土地出让金的未使用年限部分后补交土地出让金”的规定进行补交。无论拆除重建还是微改造，均应补交土地出让金，用地确权和出让金计收政策极大地打击了市场主体的积极性。另一方面，政府缺乏对改造后功能的管理。《广州市人民政府关于提升城市更新水平促进节约集约用地的实施意见》明确改造后的功能，主要包括商业、办公、新兴产业、工业四个类型，对用途管理过于粗放，难以把控改造后的具体功能。

五、其他城市旧厂改造的经验借鉴

国内先进城市在以存量更新为主发展基调上推进实施旧厂房改造项目，在存量用地盘活、指标规模处理、激发改造活力、产业招商监管以及机制体制创新等方面开展了有益探索。

---

① “工改工”是指拆除旧的产业用房，盖新的产业用房。2021年9月26日，广州市住房和城乡建设局在其官网发布了《关于印发广州市旧厂房“工改工”类微改造项目实施指引的通知》，这是广州第一个明确提出“工改工”路径的政策。

（一）北京：推动三大产业升级

北京的旧厂改造项目是围绕推动三大产业升级开展的。具体措施包括以下三项。第一，发布鼓励措施，鼓励产业升级。经北京经济技术开发区管理委员会批准后，土地使用权人可以通过产业升级的方式提高土地节约集约利用水平，在符合上位规划的前提下，鼓励提容增效。要求包括：产业升级新项目应当符合亦庄新城产业发展导向及入区标准。鼓励通过提容增效对厂房进行升级改造，以满足自主产业升级需求。增加容积率的项目，其经济贡献应当按照容积率增加比例相应提高。增加部分用于生产的工业用房建筑面积可不补缴地价款。根据区域配套需求，可以批准土地使用权人配建不超过总建筑面积15%的行政办公及生活服务设施用房。鼓励利用地下空间建设配套设施用房，实现职住平衡、产城融合。配套设施用房优先建设公共服务设施，除倒班宿舍外鼓励开放经营，以补充区域配套功能，提升街区活力。配建的办公及生活服务设施用房面积按照房屋用途补缴地价款。代建公共服务设施用房并将产权移交北京经济技术开发区管理委员会的部分面积，不补缴地价款。第二，允许旧厂转型为产业园区。规定包括：工业用地低效停产且建成时间不少于6年的，可申请转型为产业园区，同意以出租房屋的方式引进产业项目。具备园区经营能力，并承诺园区整体经济指标能够达到入区标准的，经北京经济技术开发区管理委员会批准可以转为产业园区；自身不具备园区经营能力的，可与国有平台公司合作合资经营，也可与具备园区经营能力的社会企业合作经营，经北京经济技术开发区管理委员会批准后转为产业园区。经过不断探索发展，北京老旧厂房改造已经形成了三种不同的模式，这三种模式可以适应不同园区特点。具体包括：产权方自行改建运营的模式，例如莱锦文化创意产业园；产权方与专业机构合作运营模式，例如751D·PARK北京时尚设计广场；成立项目公司，厂房折股合伙模式，例如京东方科技集团有限公司。截至2021年底，北京市已经储备的老旧厂房重点改造项目有58个，涵盖文化、新一代信息技术等高精尖产业领域。北京市发展和改革委员会已批复的老旧厂房改造支撑高精尖产业发展典型示范项目有3个，北京铝材厂厂区项目便是其中之一。北京铝材厂于2002年停业，已闲置多年，由于无人管理而处于荒废状态。这里将建设北京副中心硬科技产业示范基地，为硬科技产品成果的转化提供一体化服务。下一步，北京还将探索在城市更新中实现存量空间改造全过程绿色建造的路径。第三，提倡政府收储、回购。原项目无法继续实施的，提倡以合理的补偿价格收储回购的方式盘活重新利用。经批准的产业升级项目无法按期实施的，纳入收储回购目录。此外，进行城市更新产业升级的项目，还能够得到金融机构提供的提容改造、园区建设、收储回购等相关的中长期金融产品，以及房产收益权资产证券等资金支持。结合项目产业特点，还将推进周边公共道路、给排水、供电、供热、燃气、通信等公共配套设施建设和绿化、环境卫生等提升工程。还鼓励产业园区建设与产业定位相关的公共综合服务平台，公共综合服务平台包括：实验室、中试平台、中试线、检测中心、展览展示、智慧信息服务等平台。[①]

（二）浙江：进行全面监督

浙江落实“亩均论英雄”[②]“最多跑一次”，采用“标准地”制度，差别化供地提高土地使用效益、简化项目审批。第一，事先做评价。在确定

---

① 《北京经济技术开发区管理委员会关于印发〈北京经济技术开发区关于城市更新产业升级的若干措施（试行）〉的通知》，http://www.beijing.gov.cn/zhengce/zhengcefagui/202106/t20210604_2406886.html.

② 将原本用于农业生产领域的“亩均”概念引入工业领域，引导企业用最少的资源消耗实现工业产出的最大化。这项创新缘起于浙江。2006年，“亩产论英雄”在柯桥起步。这一改革举措，正是当时浙江提出的“腾笼换鸟、凤凰涅槃”理论指导下的具体实践。多年来，这项改革先从柯桥走向省内多个试点县（市、区），继而在浙江省推开。2018年1月，浙江省政府出台了《关于深化“亩均论英雄”改革的指导意见》，建立深化“亩均论英雄”改革工作领导小组，此举标志着“亩均论英雄”改革进入全面深化的新阶段，成为浙江省产业结构调整、经济发展方式转变、迈向高质量发展的重要政策和制度。

的重点区域，全面完成区域能评、环评、防洪影响评价等。制定产业负面清单，完善项目准入要求。加强土地储备整理，严格执行“净地”出让规定，确保具备项目开工必需的通水、通电、通路等基本条件。第二，事前做标准。制定控制性指标和指导性指标，建立“标准地”的投资、能耗、环境、建设、亩产税收等控制性指标标准及R&D（科学研究与试验发展）占比等指标。明确适用区域和产业，合理划定政策适用区域。第三，事中做承诺。出台奖惩政策，制定完善项目竣工验收、达产复核及不动产登记办理等具体办法。用地企业取得“标准地”后，同时与有关部门签订国有建设用地使用权出让合同和“标准地”投资建设协议（承诺书），明确用地标准与履约标准等。[①]第四，事后强监管。优化压缩全流程审批流程和时间，实施“一窗服务”。探索建立“标准地”项目全过程信用档案，部门联合进行竣工和达产复核。

（三）上海：节余转让制度和因地制宜的三大改造模式

上海独创节余转让制度：允许结余土地分割转让、在建工程转让，节余土地必须通过市土地交易市场，以带产业项目方式公开转让，土地转让价格不得高于上一年度本区域内的工业用地产业项目类的平均价格。节余转让制度利于盘活闲置用地，抑制土地二级市场地价过热。例如上海正泰启迪智电港项目，上海正泰电气股份公司早年多次大手笔拿地，为处理闲置土地资源，将闲置用地90万平方米分割转让给园区运营公司启迪控股，由启迪控股股份有限公司出资拿下土地，后正泰集团发挥其产业集群优势，启迪控股股份有限公司运用其开发运营经验，两家公司联合开发。

同时，针对不同地区、类型与特点的存量工业用地，采用差异化的三大改造模式。第一，土地收储后出让模式。市、区土地储备机构根据城

---

① 浙江省发展和改革委员会投资处：《以“标准地”制度撬动高质量发展 打造“最多跑一次”改革新名片》，《浙江经济》2018年第14期。

市规划和年度计划，组织工业用地使用权收储，工业用地的土地权利人也可以向市、区土地储备机构申请土地使用权收储。第二，区域整体转型模式。面向完整的规划单元或整个产业园区内，由区政府主导、以原土地权利人为主体开发，对于转型区域内土地权利人分散的，建立以区政府主导、原土地权利人参与的联合开发体。①第三，零星工业用地自行开发模式。面向权利主体单一且周边无规划开发建设用地，原土地权利人采取存量补地价的方式，按照规划用途自行开发。

（四）香港：工厦活化机制减少旧工厦空置

20世纪50—60年代，香港兴起家庭式工业或小规模的工场。它们一般设于寮屋区及平房徙置区之中，当该区遭受天灾或被政府收回土地重新发展时，政府便要兴建工业大厦（以下简称“工厦”）给工厂重新经营，这就是工厦的源起。香港工厦通常有两个或两个以上的货物升降机，建筑内部被分隔为多个单独使用的单元，被不同租客所占据，从事制造、组装和仓储的功能。20世纪80年代，随着香港工业结构的调整，大部分制造工厂迁往珠三角，导致香港原有工厦空置。在此背景下，工厦活化成为香港社会关注的焦点。②

近十年来，香港工厦活化经历了两个重要阶段。第一阶段：早在2009年政府提出工厦活化之前，文化产业如视觉艺术、戏剧、舞蹈、音乐等早已经进驻工厦。政策推出后，未能使空置的工厦活化，反而使楼价及租金在两年内上升了70%以上，而同期豪宅楼价的升幅只有20%左右。第二阶段：2014年以来，由于实施了振兴措施，工业建筑的空置才有了下降的趋势，对于寸金尺土的香港，实现工厦活化一方面有助于提升楼宇

① 张健、王博、吕元：《存量视角下城市中心区工业用地更新利用研究》，《2020年工业建筑学术交流会论文集》（上册），中国建筑工业出版社2020年版，第2–9页。

② 方凯伦：《香港工业大厦活化机制研究及其对广州旧厂徵改造的启示》，《规划师论丛》2020第1期。

使用效率，另一方面也有助于推动文化创意、科技发展等先进产业在香港的发展。现状的工厂楼宇约占香港工业楼宇空置总数的85%。[①]

学习香港工厦活化管理机制，针对广州市旧厂微改造的现状问题，从减少政策束缚与增加社区互动两大方面，进一步提出以下策略建议。一是实现一定时期内地价差价豁免。就地契条款方面，旧厂作短暂住用用途可向规划管理部门申请“短期豁免书”允许该用途符合现行规划要求，则在一定时期内改变原有用地的用途，不需补地价，但必须符合建筑安全及消防要求。[②]二是政策上鼓励厂房微改造对公共利益做出贡献。学习黄竹坑道的工厦活化案例，鼓励业主为市民捐赠艺术空间或公共场所，为市民做出贡献，并给予一定的优惠。三是引导成立社会组织。以行业协会、居委会为触媒，提出共同缔造的工作思路，发动周边群众主动参与旧厂房微改造的讨论、方案设计等工作，搭建共同议事的平台。[③]

六、进一步优化旧厂有机更新的政策建议

2020年，广州市人民政府印发了《广州市深化城市更新工作推进高质量发展的工作方案》，提出了城市更新的三年实施计划、五年行动方案和十年改造规划，其中，五年行动方案涉及的旧厂房改造规模为20.24平方千米（全面改造18.65平方千米，微改造1.59平方千米）。当前，广州市仍处于通过旧厂房改造推进城市品质提升的战略期、关键期。应加强各方统筹力度，树立城市经营思维，推动旧厂房改造从关注短期利益向注重长期效

①② 方凯伦、叶建明：《香港工厦活化机制研究及对广州旧厂微改造的启示》，中国城市规划学会编《活力城乡　美好人居——2019中国城市规划年会论文集》，中国建筑工业出版社2019年版，第1008-1018页。

③ 方凯伦：《香港工业大厦活化机制研究及其对广州旧厂微改造的启示》，《规划师论丛》2020第1期。

益、从房地产开发向产业发展导向转变。将过去聚焦单个项目的改造拓展到全域、全类型的存量更新，实现“扩张型”到“调整重构型”空间发展模式的转型升级。

一是注重规划统筹，推进旧厂房连片土地整备。强化政府主导作用，坚持规划引领、整体更新，探索空间重构和资源布局优化手段，协调各方利益，推进土地综合整备工作，提供空间载体承载综合城市功能，打造城市重点功能平台。鼓励旧村庄、旧厂房、旧城镇等更新资源进行成片联动改造，成片释放存量土地资源。针对已出让低效工业用地、村级工业未完善手续用地、批而未供用地等，由各区开展产业统筹类土地整备工作。研究推进土地置换机制，旧厂房拆除重建类项目在权属清晰、程序合法条件下可按照价值相等原则进行土地互换。参照浙江做法探索实行“标准地”“带项目”“带方案”供应工业用地，鼓励工业用地连片收储开发，研究制定开发储备超200万平方米连片工业用地激励政策。做好市、区两级存量产业用地收储专项资金保障，探索“以房换地”等市场化补偿方式。

二是注重政策保障，充分调动实施主体积极性。采取算“四账”（政府建设收支账、地区设施管养运营账、企业项目开发账、村集体可持续发展收益账）的方式，确保旧厂房改造实施的经济可行性。立足驻穗央企、省属国企、市属国企所属土地存在数量多的实际，加强部门协同，“一企一策”“一地一策”，着力解决利用效率低、历史遗留问题多、土地交储积极性不高和地块自主改造整合力不强等问题。涉及多个土地权属人的旧厂房改造项目，允许协商确定一个改造主体归宗土地后开展改造工作。强化城市更新的要素市场化配置，鼓励优质产业类旧改项目充分利用资产证券化、信托融资、股权融资、园区开发基金等市场化融资手段筹措资金，加快推进优质旧厂房改造项目。各区可根据本区实际情况制定专项扶持政策，推动旧厂房改造整治提升。

三是注重实施引导，合理有序推进项目建设。研究出台旧厂房微改造“工改商”有关规定，根据《关于支持广州深化城市更新工作推进高质量发展的意见》中微改造的政策，参照《广州市村级工业园改造工程消防审批试点工作方案》要求，制定国有旧厂房微改造有关指引。编制区域统筹、产业发展、空间优化、文脉传承等各类工作指引，按改造情景统筹旧厂房改造项目和周边其他项目的联动改造，在更新改造流程中嵌入产业准入、批后监管模块，按照不同产业从园区空间、建筑类型、功能布局和指标控制的需求差异，制定不同层级的空间优化指引。编制全市产业地图，突出标识企业资源和创新资源，解决产业和空间的信息不对称问题，为投资者寻找技术、标准、人才服务和产业链合作提供指引。

四是注重部门协同，建立全生命周期管理机制。强化部门协作、市区协同，建立实时更新、部门联动的综合信息监管平台，推进建立存量用地及更新项目入库—规划—实施—监管的全生命周期管控机制，动态跟进存量用地的入库、规划、实施、验收等全过程。建立产业用地供需服务管理平台，加强产业招商、更新改造和用地审批信息共享互通，动态和及时向产业招商部门提供或更新改造项目清单。建立退出和奖惩机制，以投资强度、土地产出率、产值能耗等指标作为土地使用条件，强化旧厂房改造项目批后监管。建立用地项目土地利用绩效评估制度，进行土地利用绩效评估，并根据土地利用绩效评估结果对工业用地项目实施精细化、动态化管理。

五是注重产业导入，促进产城高质量融合发展。结合产城融合的要求，依照“三个圈层”[①]的管控原则，通过合理配置城市更新单元产业建设量占总建设量的比例，吸引高端产业聚集。改变拼土地、拼政策的传统招商模式，依托旧厂房改造，基于产业发展取向的合理定位，以产业发展的比较优势为主要依托，借助当地比较优势和合理的产业定位，围绕产业的主导产品及其上下游产品，引进高端产品生产技术，拉长技术链，营造主

① 《广州市城市更新实现产城融合职住平衡的操作指引》划定三个城市规划建设管理圈层，将广州环城高速以内的区域共220平方千米划为第一圈层；将广州环城高速以外，东至天河—黄埔、番禺—黄埔区界，南至广明高速，西至广州—佛山市界，北至华南快速范围共397平方千米划为第二圈层；将第一、第二圈层外的其他区域划为第三圈层。

导产业，引进龙头企业，形成完整产业链。[①]提升旧厂房“工改工”“工改新”改造动力，降低企业成本，实行土地增值税补助政策，加大对“工改工”及公益性项目奖补力度。引导布局分散的中小企业集中到统一规划的产业园区，优化企业之间的生产协作，促进企业共享基础设施和公共服务，打造专业园区、特色园区。[②]

六是注重文脉传承，保留城市文化底蕴和历史遗迹。旧厂房作为一种特殊工业遗产建筑，虽然并不属于历史遗址建筑保护范畴，但依然是城市历史文化的重要组成部分，完全把它从城市记忆中抹除不符合城市发展规律。因此，对于嵌入城市历史记忆的旧厂房的改造，要统筹好文脉传承与文化创新，使旧厂房焕发新的光彩，以完善城市形象，达到新旧建筑共存共荣的多元化发展。广州市要尽快编制工业遗产保护专项规划，并纳入城市总体规划。在旧厂房改造过程中同步开展工业遗产的普查和评估工作，将重要的工业遗产及时公布为各级文物保护单位，或登记公布为不可移动文物。[③]区别对待、合理利用工业废弃设施，具有历史文化价值的设施可在保留其外表特征的前提下，改造成适合现代功能需要的建筑，既传承历史文脉也使其物有所用。

---

① 黄传庚：《分宜重点项目开启“新引擎”，县域经济跑出“加速度”》，《新余日报》2017年9月25日。

② 金华市发展和改革委员会课题组、杨晓红：《做活产业链招商　培育特色产业集群》，《浙江经济》2006年第22期。

③ 程婧、周均清：《浅谈老旧工业厂房的改造》，《四川建筑》2007年第1期。

第四章

广州对村级工业园的整治提升

二十世纪八九十年代，大量“三来一补”（指来料加工、来件装配、来样加工、补偿贸易）企业在农村集体建设用地上爆发式增长，形成了星罗棋布、形态各异的村级工业园[①]，成为广州改革开放工业发展的历史产物。改革开放以来，广州村级工业园一度成为奠定广州制造业基础、助力广州经济发展的时代功臣。但随着经济社会的不断发展，广州大部分村级工业园产业低端、业态传统、用地低效、手续不全、环保排污不达标、消防安全存在隐患等问题也日渐凸显。当前，广州迎来了粤港澳大湾区发展的重大战略机遇期，经济发展也正从高速发展向高质量发展迈进。作为新一轮创新发展的重要空间载体，村级工业园整治提升不仅是提升城市土地开发利用率的必由路径，也是推进粤港澳大湾区建设、实现经济高质量发展的重大举措，更是激发老城市新活力的重要支撑。因此，有必要以习近平新时代中国特色社会主义思想为指导，牢牢把握高质量发展的根本要求，落实市委“1+1+4”[②]工作举措，践行新发展理念，全面深化改革，以问题为导向，全力加快推进村级工业园整治提升。

一、广州村级工业园的发展现状

据统计，在2019年正式启动村级工业园整治提升三年行动计划之前，广州共有村级工业园2705个，占地约132平方千米。这些村级工业园大多在改革开放初期自发形成，其主要特点如下：

---

① 当前，全国对村级工业园还没有一个统一的概念，本书中村级工业园是指未纳入“三旧”图斑的，在由集体经济组织所有或者使用的集体或者国有土地上，现状或历史上主要为工业、仓储物流等用途的工业集中区块。

② “1+1+4”：第一个“1”指加强党的领导和党的建设是实现老城市新活力的根本政治保证；第二个“1”指深化改革开放是实现老城市新活力的根本路径和关键一招；“4”具体包括在综合城市功能、城市文化综合实力、现代服务业、现代化国际化营商环境方面出新出彩。

（一）建筑形态破旧、产业低端

广州村级工业园内2009年以前的建筑约占70%，多数为低层、简易厂房，厂房内部设施老旧，周边配套设施不完善，形态较为破旧。通过对各区村级工业园开展产业进行梳理，发现区域间差异化不大，多数是发展传统的服装、化妆品、皮革皮具、五金等加工制造以及仓储物流等行业，与广州“三来一补”的制造业发展历程相契合，产业较为低端（见图4-1）。

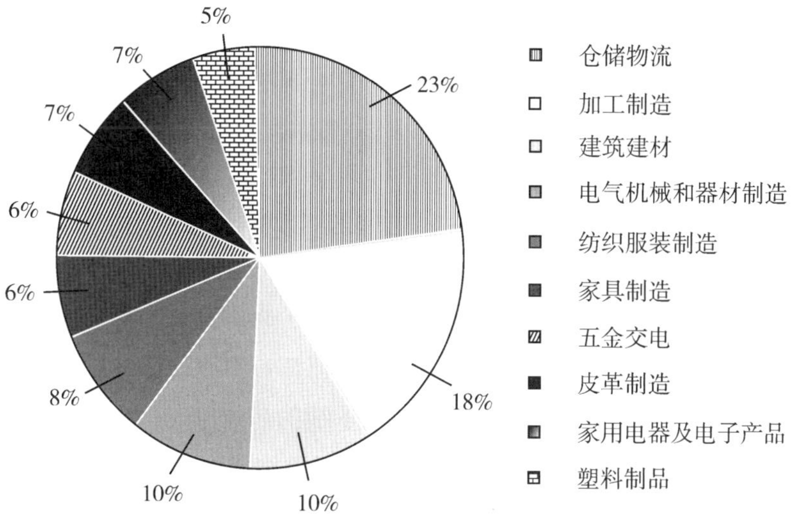

图4-1　广州市村级工业园产业结构图

（二）用地规模与产出效益形成倒挂

广州村级工业园集聚了约3.8万家工业企业，其中规模以上工业企业有964家，仅占企业总数的2.5%。以白云区陈洞村村级工业园为例，虽入住的企业近百家，但多为不足100人的中小型企业。此外，广州村级工业园园区面积占全市现状工业用地总面积30%，但产值仅占全市工业企业总产值的10%，税收贡献仅占全市工业企业总税收贡献的6%，总体产出效益较低，与现状用地规模形成倒挂（见图4-2）。

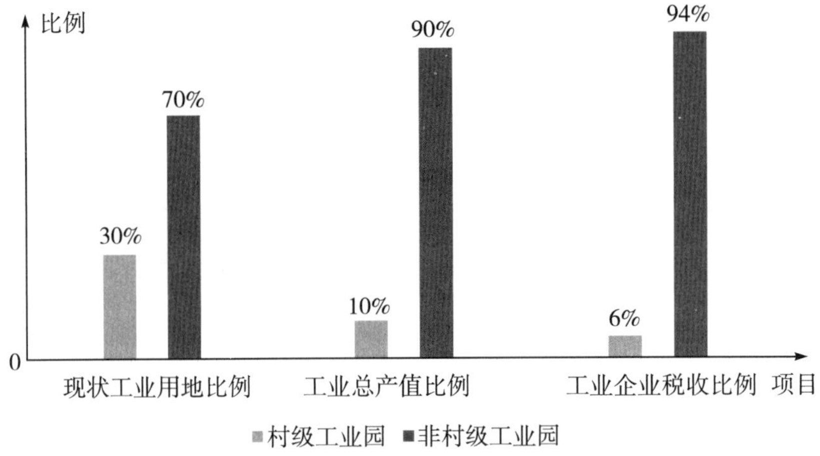

图4-2　广州工业园情况

（三）用地、环保、消防、违建等违法违规问题较为普遍

根据各区上报数据统计分析，用地手续方面，广州村级工业园需要完善历史用地手续的占比约80%，其中白云、花都、南沙三区村级工业园用地手续问题较为突出，需要完善历史用地手续的超过80%。环保方面，村级工业园区以中小企业为主，多数未配置环保设施或环保设备相对落后，废气、废水、废渣处置不规范等现象突出。据摸查，广州市村级工业园内多数企业没有办理环评、环保验收等手续，园区内污水管网完善率较低。消防隐患方面，部分村级工业园内低层、简易厂房较多，市政基础设施投入不足，周边配套设施不完善，存在消防隐患问题，多数企业消防手续也未完善。此外，村级工业园还普遍存在乱搭建等违规现象。

二、广州村级工业园整治提升的主要经验

2019年，中共广州市委、广州市人民政府高度重视村级工业园整治工作，明确将其纳入广州城市更新九项重点任务，将之作为推进市委

“1+1+4”工作的重大举措，以前所未有的力度展开村级工业园综合整治行动，打响了一场深化改革攻坚战。全市坚持“政府主导、规划先行、软硬结合、标本兼治”的整体思路，实施综合整治、产业发展两手抓，积极完善村级工业园整治提升工作的机制体制，坚决淘汰污染及落后产能，着力打造一批产业高端、效益显著的示范园区，形成了一批新鲜经验和可视化成果。

（一）着眼顶层设计，坚持制度先行

中共广州市委多次召开书记专题会议研究部署，为村级工业园整治提升明确目标任务、思路举措和工作要求。市政府在充分调研、摸清底数的基础上，秉着放权、让利和鼓励的原则，相继打出政策组合拳，先后制定出台《广州市村级工业园整治提升实施意见》《广州市村级工业园整治提升三年行动计划（2019—2021年）》和《广州市村级工业园整治提升实施指引》，形成了清晰的整治提升工作“任务书”“时间表”。各区成立专项领导小组，制定出台实施意见、三年行动计划和工作计划，明确改造项目清单、投资总量、时间进度和保障措施等，为整治提升提供有力组织保障。同时，安排专项财政资金，支持试点园区，单个项目拟最高给予1500万元改造提升补助。如海珠区不仅出台《海珠区村级工业园改造提升工作指引》《海珠区村级工业园提升整治三年计划（2019—2021年）行动方案》，还针对老旧物业消防安全整治等问题，出台《关于老旧物业消防和安全生产整治审批改革的工作意见》《海珠区老旧物业消防和安全生产整治审批改革容错纠错机制》等文件以及《广州市海珠区科技企业孵化器和创新园区认定与扶持办法》，从园区立项建设、产业招商等各环节、各方面对村级工业园进行指导扶持。

（二）着眼差异发展，确保精准施策

广州村级工业园的现状相对复杂，园区发展程度、建筑形态、用地规划、环保消防、违法建设等问题普遍存在，具体情形又各有差异。对此，在全市村级工业园数据摸查建库工作中，充分考虑产业升级需求和规划发展要求，创新提出了“三条路径、五种模式”的实施策略。即在改造目标路径上，要求“关停淘汰一批、功能转变一批、改造提升一批”；在实施主体上，创立“国企主导、园区专业平台主导、龙头企业主导、村集体主导联合企业改造以及多主体合作混合改造”五种模式（见表4-1），让改造主体科学决策、对照选择，大大提升了改造主体的能动性和积极性。

表4-1　广州村级工业园整治提升模式

模式	内涵	主要特点	典型案例
国企主导	经村集体同意后，将集体土地转为国有，并给予被征地主体相应补偿和安置，征收的土地再以公开出让的方式交由国企进行开发建设	政府支持力度强，有利于统筹周边旧村、留用地等，保障改造资金	广州设计之都由区属国企广州市白云城市开发投资集团有限公司主导进行开发建设，通过“土地收储＋旧厂房改造＋旧村庄微改造＋留用地开发＋拆违治乱”组合拳，实现土地的连片开发整备，探索出一条“集体用地、国资建设、专业运营、收益共享”的改造路径。这种模式的优势是国企能在改造过程中发挥“定海神针”作用，面向市场好招商、招大商，对村集体能够保障保底收益

续表

模式	内涵	主要特点	典型案例
园区专业平台主导	由专业产业园区运营机构，从市场角度出发，进行园区统租统改统管	主题清晰。产业运营能力强，后续收益能力有保障	海珠同创汇紧邻中大布匹市场。基于海珠区良好的轻纺交易中心产业基础，专业产业园区运营机构——同创汇摒弃低端加工业业态，对老旧楼房进行活化改造，聚焦服装、设计、时尚主题产业，以新电商、新零售为契机，以原创设计赋能孵化为方向，通过全新的产业生态闭环模式，打造服装、设计、时尚主题产业，为服装设计师实现全面赋能，全面助力广州跻身世界时尚之都，实现了多重共赢局面
龙头企业主导	由本土成长性强、优质的龙头企业主导，进行统租统改的改造模式	可根据自身发展需求实现定制化改造，有利于行业上下游集聚发展，营造良好产业生态	小鹏汽车产业园前身为岑村村级工业园，原建成两年仍未启用的商业办公楼，年产值为0，是天河区重点整治的低效物业升级对象。小鹏汽车主导引领后，在建设期内拟将未启用的商业办公楼及其周边地块进行升级改造，建成一个建筑面积150286平方米的广州天河（小鹏汽车）智能网联汽车产业园，预计年总收入规模约1.5亿元人民币
村集体主导联合企业改造	由村集体或村社经济发展公司出地，企业出资，联合进行改造	可充分尊重村集体发展意愿和诉求，实现村企合作共赢	安华汇位于白云区永泰村，该村联合广东安华美博置业集团有限公司，通过“旧厂改造＋旧村综合整治＋旧村安全整治”的组合拳，在全市首创“1+1+1”改造模式。按照“三变”（城市环境要变、产业功能要变、经济效益要变）、“三不变”（集体土地权属不变、集体土地使用性质不变、集体经济物业功能不变）、“三化”（改造主体企业化、物业经营产业化、物业管理专业化）的原则分片、分类、分步推进更新改造，改造土地达6.8万平方米。改造建成白云区中轴首个中高端大型商业综合体

续表

模式	内涵	主要特点	典型案例
多主体合作混合改造	由村集体出地、企业或国企出资、专业运营机构运营的合作改造模式	综合发挥各改造主体的优势，灵活性强，可实现多方共赢	中国软件CBD前身为低效物业厂房，科学城（广州）投资集团有限公司、广东坤银泰铭投资集团有限公司等参与投资建设，以新一代信息技术为引擎、以发展高端软件产业集群为抓手，改造后成为广州人工智能（AI）与数字经济试验区护林路地段的示范产业园区，是工信部支持创建“以区块链为特色的中国软件名城示范区”的重要载体，实现从“无营收”到“营收超十亿”的预计目标

（三）着眼放权让利，打通发展梗阻

一是积极推动项目完善历史用地手续，优先保障建设用地指标。涉及调整控制性详细规划的项目，经市村级工业园整治提升工作领导小组同意纳入整治提升范围的，可直接启动控制性详细规划调整工作，解决原来村级工业园改造项目“审批难”“审批流程长”的“老大难”问题，大大降低时间和经济成本。二是针对村级工业园“工改工”“工改新”拆除重建项目，给村集体做了适度让利。三是针对现状较好，且有产业集聚潜力的村级工业园开辟微改造路径，并给予一定加、改、扩规模，对于村级工业园具有合法手续的用地，允许加建、扩建的建筑面积原则上不超过原有合法建筑面积的20%。综合整治改造项目由村集体组织编制方案，经区政府审查后，改造主体即可办理相关使用手续。同时，针对“微改造”没有明晰的审批路径，导致很多园区改造后遇到消防无法验收、手续无法完善、工商审批难等问题，市里明确可参照综合整治改造项目的审批路径，提高区审批权和改造主体办理效能，该举措探索了一条符合广州实际的村级工业园整治提升路径，将彻底结束“微改造”消防、工商审批难的“最后一公里”问题。

（四）着眼市区联动，形成整体合力

市、区相应成立村级工业园整治提升工作领导小组，加强市级统筹力度，强化市级在制定目标任务、构建政策体系、组织工作管理、协调配置资源等方面的统筹作用，建立常态化的管理和督导机制。市区联动统筹村级工业园整治提升工作，加强有关部门执法和监管力度，加大对违法建设的巡查处理力度，加强环境整治和消防安全隐患排查与督查工作。同时，发挥区、街镇的主体作用，抓好工作落实，推动优质产业项目有效导入，由各区与改造提升类村级工业园项目实施主体签订《产业监管协议》并定期审查，明确包括实施项目的固投强度、土地产出率等内容，加强智慧监管力度，追究未能履约达标的实施主体违约责任。

（五）着眼资源整合，鼓励市场运作

随着村级工业园整治提升工作的不断推进，势必将释放大量的土地资源，催生包括金融、园区建设、运营管理等各方面的海量业务。广州市充分发挥国有企业的优势，引导国有企业积极参与和支持，重点在土地装备、园区建设、产业基金、运营管理、融资贷款等方面充分挖掘合作机遇，形成了政府主导、国企协同、社会参与、市场调节的良好工作格局。同时，鼓励引入资本实力雄厚、有改建经验的专业化园区运营企业利用闲置或低效物业，深度参与村级工业园提升整治，最终实现多方参与，优势互补，合作共赢。或推动龙头企业围绕自身业务链打造产业园。如海珠区唯品会、科大讯飞都积极投身建设自身首个产业园。

三、典型案例："天河样本"

截至2021年11月，天河区共有符合定义的村级工业园74个，园区面积约244.3万平方米。其中，30个村级工业园区共104.8万平方米已完成整治提升或者转为非工业用途；可进一步整治提升的村级工业园还有44个，面积约为139.5万平方米。已纳入旧村改造、土地收储的村级工业园共27个，面积约83.3万平方米，占可进一步整治提升的村级工业园面积的60%；在未有明确旧村改造、土地收储计划的17个村级工业园中，有进一步改造提升意愿的园区4个、留用地开发的园区1个、园区建筑条件较好但未有改造提升计划的园区3个、其余园区9个，短期内均难以找到合适的整治提升路径。近年来，天河区委、区政府高度重视村级工业园整治提升工作，坚持"政府主导、规划先行、软硬结合、标本兼治"的原则，积极完善体制机制，坚决淘汰落后产能，打造了一批效益显著的示范园区，为天河产业发展提供了有力的载体支撑。

自2019年全市范围内开展村级工业园整治提升工作以来，在中共广州市委、广州市人民政府的指导下，天河区先后印发了《天河区村级工业园整治提升实施意见》《天河区村级工业园综合整治工作指引》等多份文件，为积极稳妥、规范有序推动村级工业园改造奠定了坚实的制度基础。经过几年的不懈努力，截至2021年10月，天河区通过村级工业园微改造提供的产业载体已超60万平方米，极大程度激发了区域发展的活力。其主要做法有：

一是多管齐下以治理促提升。针对村级工业园违法建设突出的问题，天河区将违法建设治理作为整治提升工作的突破口，以拆促改。截至2021年10月，天河区累计拆除村级工业园违法建设110万平方米，彻底整治了村级工业园违法建设、安全、消防隐患等问题。2020年以来，天河区对"散乱污"场所采取发现一宗、整治一宗的高压态势，至2021年7月整治"散乱污"场所317个，其中工业类"散乱污"场所35个。深入推进排水单元达标工作，至2021年11月，大部分园区已基本完成整改并达到挂牌标准。

二是多措并举盘活土地资源。至2021年11月，天河区在整治提升的过程中淘汰低效工业企业40家，释放产业空间超过50万平方米；引入以信息技术、人工智能、数字内容创作等新兴产业企业为主导的各类企业1200家，年产值超过20亿元，2020年实现税收贡献超1.4亿元；累计增加市民广场、篮球场、健身房等公共设施超过15个，利用村级工业园改造新民办中小学校1所，增加绿化面积超过6万平方米。通过园区改造提升，实现了经济效益、环境效益、社会效益的有机统一。

三是创新方式强化产业服务。天河区科技工业和信息化局通过创新管理服务手段，开发天河区村级工业园微信小程序、建立运营方沟通群等信息化手段，统一收集各产业园的运营情况、租金价位、主导产业、待招商面积、公共服务配套、地理位置等信息，面向有计划入驻天河的企业进行集中推广，第一阶段已经收集到22个园区信息（产业空间超140万平方米），通过政策解读、后台推送等服务大大加强了与园区的交流互动。天河区正在根据前期使用的效果进行总结改进，以适应新的工作要求进一步推广平台服务。同时，天河区还将定期收集产业园区空置载体数据并共享给招商部门，开展招商资源对接等工作。

四是贯彻落实市级支持政策。2018年至2021年7月，天河区有7个村级工业园改造提升项目成功被纳入广州市提质增效园区试点，试点建筑面积约30万平方米。至2021年5月，其中的6个项目达到了广州市提质增效的建设奖励要求，获奖励金额5483万元，7个园区2020年税收贡献合计超过2亿元。通过政策支持，极大地提升了社会资本对村级工业园改造提升的热情，有效改善了园区及周边环境，取得了良好的社会、经济效益。通过村集体物业的转型升级，天河区引入了小鹏汽车、趣丸网络等高成长企业。通过数年的工作，培育出了时代E-PARK、元岗智汇PARK、盛达电子创新园等年实现税收贡献超过1000元/平方米的优秀园区。

四、广州村级工业园整治提升的难点与障碍

经过前期的努力，广州村级工业园整治提升取得了初步的成效。截至2021年底，广州共整治提升村级工业园超33平方千米，已圆满完成3年整治提升任务。新增固定资产投资超580亿元，引入优质企业超5700家，村级工业园面貌焕然一新。但尽管如此，其中依然存在许多问题，一定程度上制约了新一轮村级工业园升级行动的整体进度，其主要难点与障碍表现如下：

（一）完善历史用地手续成本高，整治改造意愿不强

大多数村级工业园由于发展历史存在用地手续（征收手续、集体建设用地手续以及集体建设用地转国有建设用地手续等）不完善问题。如天河区现存的村级工业园中，只有47%的用地面积提供了建设用地批准书或规划许可证信息，只有不足20%的建筑提供了房产证（或不动产权证明）。不同类型的手续办理程序和方式各不相同，手续流程相对复杂，一般都需要1～3年完成，而有些涉及需要建设用地指标的，所需时间会更长，同时面临补缴相关费用等问题，时间和经济成本较高。

同时，村集体对村级工业园改造的动力和积极性不足。究其原因，主要表现为：一是缺乏结合专项产业规划的村级工业园改造计划，村级工业园在引入高端产业上存在难度。二是村集体与第三方改造企业之间缺乏有效的沟通对接平台和机制，同时部分村集体注重眼前利益，对未来前景缺乏判断，对产业招商缺乏信心，改造意愿不强。三是村级工业园升级改造和旧村全面改造需平衡整体考虑。村集体对城中村全面改造积极性较高，担心村级工业园改造影响后期城中村全面改造，故对村级工业园改造多持观望态度。

（二）缺乏统筹的空间布局和产业规划指引，产业用地政策有局限

广州村级工业园空间布局大多比较零散，大分散小集聚现象突出，没有统筹的规划指引，业态不集聚、主导产业不明确。此外，村级工业园内新兴产业发展需要提高配套留住人才，需要提高容积率增加发展空间，也需要一定产权以满足融资需求。而产业用地政策存在一定局限，工业用地地类过于单一，没有混合地类，配套比例、容积率指标要求等与产业发展不适应，从而影响新兴产业的落地发展。

（三）环保手续难完善，消防验收难解决，管网等配套设施难提升

广州大部分村级工业园存在环保手续难完善、消防难验收等问题，市政管网等配套不完善。环保手续方面，部分企业因为用地不符的问题，无法办理环评等手续；有些企业担心“未批先建”项目受到处罚，故迟迟不办理相关手续；还有些是村集体和企业环保、消防等意识不足，未及时办理相关手续。消防方面，部分园区由于规划未覆盖，无法办理消防验收手续；部分园区企业用地存在历史用地手续问题，消防部门无法出具意见；部分园区工业厂房改为办公功能，内部结构有所调整，二次消防验收手续无法办理。此外，大部分园区缺乏市政规划和配套，污水管网、绿化、消防、停车、仓储等配套建设普遍缺失，餐饮、居住等生活设施基本靠周边城中村解决。同时，大多园区卫生、安保等均由所属地村社负责，管理水平低，收费也较为混乱。

（四）上下联动与部门协调不足，缺乏可推广典范

村级工业园整治提升改造工作周期长，从前期策划到后期产业落地涉及多部门协作，涉及用地由规划和自然资源部门牵头，涉及环保由环保部

门牵头，涉及产业发展由工信部门牵头。不同牵头部门虽各有政策出台，但多是单向管理，工作衔接尚需进一步理顺。多头管理的村级工业园整治提升导致广州村级工业园频繁整治但缺乏较成功案例可推广，整治过程易出现顾此失彼，产业升级和环境提升没能兼顾。对比佛山明确村级工业园整治工作为“一号工程”，形成市、区、镇街和村集体上下联动，部门协调的工作机制，广州亟须建立部门协调和上下联动的工作机制。

（五）现行政策亟待因地制宜落地实施

一是村级工业园改造缺乏综合性指导政策。尽管市级层面相继出台了村级工业园整治提升实施意见、三年行动计划、实施指引。但各区、各街道村级工业园情况差异巨大，现实诉求各有不同，现行政策是针对全市的统一规定，难以做到因地制宜。二是各项政策衔接、工作衔接效率有待进一步提高。村级工业园改造政策如何与城市更新、土地利用、产业布局政策衔接，如何实际运用于项目改造中，村级工业园改造提升与“三旧”改造、违法建筑拆除如何协同推进，需进一步加强指导。

五、进一步推动广州村级工业园整治提升的对策思路

村级工业园是广州实体经济发展的重要组成部分，整治提升意义重大。但由于历史发展存在的各类问题，整治改造难点多，面对这些矛盾和问题，需要积极探索创新、绿色、共建、共享的新发展模式，走出一条村级工业园可持续发展的新路径。建议宏观战略层面做到统一思想（统一领导、统一认识、统一目标），中观指导层面明确思路（摸清家底、统筹规划、政策指引），微观层面做好落实，系统推进（分批分类、试点先行、产业招商、利益平衡、抓手要硬），具体如下：

（一）统一思想，确保全市上下一盘棋

一是统一对村级工业园整治提升工作重要性的认识。全面贯彻落实党的十九大和十九届四中全会精神，以习近平新时代中国特色社会主义思想为指导，深入贯彻习近平总书记对广东做出的重要指示，牢牢把握高质量发展的根本要求，践行新发展理念，全面深化改革，以问题为导向，全力推进村级工业园整治提升，为高质量发展腾出空间，为城市空间结构调整、建设现代化经济体系提供重要支撑。统一市区相关部门、街镇、村集体和园区企业等多方主体的思想认识，使其充分认识到村级工业园整治提升对于广州建设“三中心一体系”，实现“乡村振兴”“创新驱动”“生态文明建设”三大战略目标的重要性。二是统一成立广州村级工业园整治提升工作领导小组。村级工业园整治提升涉及部门较多，包括产业、城乡规划和自然资源、住建、环保、安全生产等部门，亟须统筹合力，集中统一领导。建议成立广州市村级工业园改造工作领导小组，集结相关部门形成合力，统筹推进村级工业园整治提升工作。三是统一村级工业园整治提升工作的目标。建议在市、区、镇街和村社等各操作层面上树立统一合作行动观念，明晰村级工业园整治提升的目标、原则、路径、整治提升标准和保障措施。促进环境整治及提升，引导合法合规生产经营，促进产业结构优化提升，建立科学、规范园区管理机制，严格遵照整治提升标准推动“三个一批”，即整合扩大一批、规范提升一批、关停淘汰一批，集中整治提升一批村级工业园，打造成为生态优良、产业高端、功能完善、运营专业、经济效益可观、社会效益显著的现代化产业园区。

（二）统筹规划，确保村级工业园整治提升规范有序

一是加强对村级工业园的空间、产业规划统筹指引。建议实行工业用地保护制度，划定工业产业区块，加强对工业用地保护，经审定的工业产业区块作为广州产业保护范围，除因公共服务设施、市政和交通基础设

施、绿地和广场、租赁性住房等公共利益需要外，位于产业保护范围内的工业用地原则上不得作为其他非工业用途。在全市产业保护范围统筹指引下，引导现状零散的村级工业园合理空间布局，实现集中连片发展。同时引导各区开展工业产业区块的产业规划，细化研究产业准入正负面清单。二是统筹分类规划指引，推动村级工业园有序整治提升。结合全市工业产业区块划定工作，做好村级工业园整治提升分类规划指引。根据村级工业园历史用地手续、规划、管网交通设施、环保、消防及现状产值效益等情况，明确分类标准和原则，明晰整合扩大区、规范提升区和关停淘汰区。通过开展用地置换、区域改造等手段，逐步将零散分布的工业企业向基础条件较好的镇（街道）工业园区集中，加快产业集聚，有效引导工业园转移搬迁、整合入园，实现功能转换一批，搬迁、整合后腾出的土地按照规划进行功能转换，优先满足区域公共配套、市政交通配套设施需求。对基础条件较好、各种手续相对完善的村级工业园，加强推进园区统一管理规范，引导继续完善各种手续，做好产业规划，积极开展产业转型升级，实现规范提升一批；针对区位优势较弱、产业基础较弱，不符合现有国家产业政策和环境保护准入要求，位于水源保护区等生态保护红线内、存在严重违法排污、环境风险高，存在严重违法建设行为的村级工业园，采取措施实施限期关停淘汰，实现关停淘汰一批。

（三）系统推进，确保村级工业园整治提升见实效

一是制定政策实施细则。《广州市村级工业园整治提升实施意见》的10项具体政策措施均对现行政策进行了部分突破或补充，形成了一套完整的村级工业园整治提升政策体系，既解决当前存在的具体问题，又着眼于未来的整体谋划，其出发点是力求解决广州村级工业园普遍存在产值低、环境差，手续、设施不完善以及政策指引不足、准入门槛高等难点、痛点问题。《广州市村级工业园整治提升实施意见》与广州正在推动的工业产业区块划定工作和已出台的《广州市提高工业用地利用效率实施办法》形

成了有机衔接，在释放土地红利和产业提升上构成了一套完整的政策组合拳。各区需制定更加清晰明确的实施细则，进一步明确综合整治实施路径指引，明确职责分工，加快相关政策落地。二是加快推动试点先行，树立改造标杆。按“统一组织、统一方法、统一步骤、统一要求”的原则，结合村级工业园区位、规模、产业类型、经营情况、环境情况等明确整治提升标准和分批整治清单，有序推进村级工业园整治提升。在市级统筹引导下，进一步指导各区加快试点项目推进，重点就村级工业园较为集聚、规模较大的区域进行试点，将试点工作与广州市提质增效试点园区遴选工作衔接，尽快树立一批整治提升标杆示范项目，打造出一批生态优良、产业高端、功能完善、运营专业、经济效益可观、社会效益显著的现代化产业园区，以点带面，形成广州经验，全面推广。三是统筹产业招商，搭建园区供需服务平台。搭建村级工业园供需服务平台，结合工业产业区块的产业规划，加强对村级工业园招商指引和协助。通过服务平台，一方面强化园区载体对接，及时了解招商需求和整治提升意愿，另一方面统筹市、区、镇街等产业资源，及时发布产业信息，并结合供需做好匹配推介和把关，助力园区招好商、好招商。四是做好利益平衡，引导多主体参与园区整治提升。指导各区开展村级工业园整治提升方案编制，把利益平衡作为方案制定的基本方向，各区可根据实际情况创新利益平衡模式，适当让利于民，激发村级工业园整治提升积极性。鼓励市、区依托国资公司，坚持国有资产带动，直接参与村级工业园整治提升的前期土地整理工作，将政府有限的资源投入到整治的最困难阶段，同时引导社会投资主体以多种形式参与村级工业园的整治提升，逐步建立起政府主导、社会筹资、市场运作、企业参与的运行机制，实现政府主导改造一批，社会资本推动一批，政府与社会资本合作改造一批。五是坚持拆违和环保整治等硬手段，加快推进全市村级工业园整治提升。充分用好拆违、环保、消防等硬手段，坚持治理违建与产业转型升级同步推进，把治理违建作为城市更新改造和村级工业园区转型升级重要抓手，针对不符合发展要求的村级工业园快速处理，强化整治提升力度，同时结合广州市强化“散乱污”场所清理整治行动，对村级工业园进行全面排查，对违法排放污水的“散乱污”场所坚决关停取缔，并对消防安全不达标的“散乱污”场所依法查处。

（四）深耕技术，进一步加强对村级工业园的精细化管理

一是建立全市统一的村级工业园信息化管理平台，加强村级工业园精细化管理。建议由产业部门牵头，构建“一张图、一个平台、一套机制”的管理机制，通过全市统一的村级工业园信息化管理平台，加强对村级工业园的规划调整、权属变动、合约变动、企业变动及整治提升进度等全方位的跟踪管理，及时给予发展指引。二是进一步加强各相关部门数据共享，为村级工业园基础数据精细化管理提供支撑。村级工业园整治是一个系统性工程，涉及多部门，有必要建立数据共享机制，加强“多规合一”、“四标四实”、“三旧”图斑、“更新计划”、“三区一线”等基础数据成果的共享。通过大数据系统统筹数据进行综合分析，加强村级工业园基础数据精细化管理。

第五章

广州对专业批发市场的转型疏解

推动专业批发市场转型疏解是顺应城市发展规律、贯彻落实习近平总书记要求广州实现“老城市新活力”的重要举措，也是广州建设国际商贸中心、国际消费中心、融入新发展格局的必然要求。近年来，广州坚持立足商脉延续的使命担当和专业批发市场的形成规律，以规划先行、功能重塑、数字赋能、品牌孵化和商脉延续等为着力点，相继打出政策组合拳，积极稳妥推进专业批发市场转型疏解，取得了显著成效。不少专业市场逐渐崭露锋芒，形成“广州价格”“广州标准”，开始影响全国乃至全球市场。但随着工作的不断推进，广州专业批发市场转型疏解仍面临诸多困难和挑战。如何在压力和竞争之下努力求新求变，促进专业批发市场可持续发展，是破解广州城市发展困局、推动实现广州高质量发展的重大课题。

一、广州专业批发市场的发展历程

所谓专业批发市场，即指集中交易某一类或者若干类具有较强互补性和替代性商品的场所，是一种大规模集中交易的坐商式的市场制度安排。[①]专业批发市场往往具有以下特点：第一，专业化，即以某类商品为主要交易对象。第二，集中化，众多供应商集聚于某一特定地点进行交易活动。第三，现货批发交易，以批发形式销售现货为主。[②]我国的专业批发市场大多是在改革开放之后形成的，在满足公众日益增长的消费需求以及促进商贸流通、活跃地方经济等方面发挥着不可替代的作用。

广州市专业批发市场发展起步早、历史长，总体规模大。其中，80%以上都集中在越秀区、荔湾区、天河区、海珠区和白云区5个中心城区，55%

---

① 陆立军、刘乃全、任光辉：《专业市场与产业集聚互动研究：来自浙江的案例》，《经济学家》2009年第8期。

② 郑素芳、邵爽：《广州市专业批发市场的形成机理及其发展》，《韶关学院学报》2016年第1期。

位于内环线以内，分布密集，数量多，但单体规模小。根据各区统计的数据，截至2020年底，全市共有专业批发市场596家，市场商户约17万户。涵盖了皮革皮具、鞋类鞋材、纺织服装、珠宝玉器、茶叶茶具等40多个商品门类（见图5-1），形成了较为齐全的批发市场体系，带动形成了享誉全国的流花服装、站西鞋材、狮岭皮革、三元里皮具、中大布匹、江南果蔬和增城牛仔服装等产业集群。总体来说，广州市专业批发市场数量众多，种类齐全，体系完整，影响较大。伴随着市场经济体制改革与城市发展，广州专业批发市场大致经历了四个阶段。[①]与此同时，专业批发市场模式也开始悄然发生变化，从早期的地摊式开始逐渐向互联网分销式市场转型（见表5-1）。

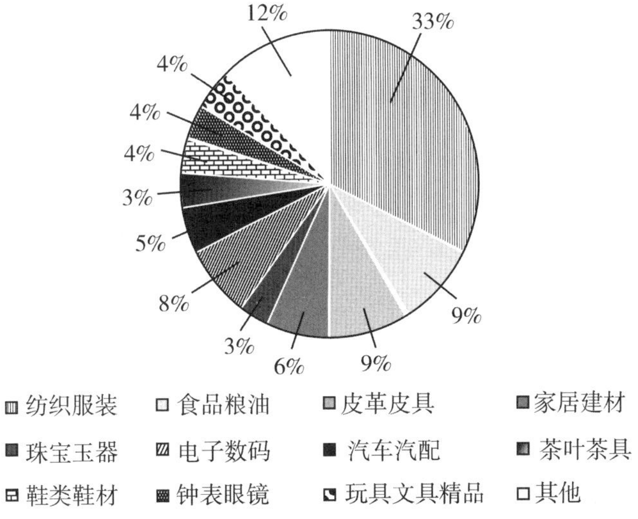

图5-1　广州市596家专业市场行业分布结构图

表5-1　广州专业批发市场模式变化情况

模式	时间	主要特点	代表市场
地摊式马路市场	1978—1992年	商品销售主要集中在本地	西湖路灯光夜市、中大布市、沙河第一成衣

① 郑素芳、邵爽：《广州市专业批发市场的形成机理及其发展》，《韶关学院学报》2016年第1期。

续表

模式	时间	主要特点	代表市场
集中商场式市场	1993—2000 年	部分销售开始面向国外	白马服装市场、海印布料总汇
综合商场式市场	2001—2006 年	规模进一步扩大，开始走向国际化	新天地服装城、沙河第二成衣
互联网分销式市场	2007 年至今	线下实体档口与线上商品展示、交易互补销售，实现电商国际化	沙河大西豪网络批发、沙河女人街网络批发

一是缓慢发展阶段（1978年以前）。在计划经济年代，市场经济受到限制，经济活动多以国营经济体为主导。在这一时期，批发市场形态一般为国营三级站模式，主要为城市居民服务，因此这阶段国营批发部门主要集中于广州市老城区，以越秀区、荔湾区等为主，经营的产品也以日常生活必需品为主，包含粮油、副食品、服装鞋帽等。计划经济时期，国营批发部门数量由政府部门按计划制定，并非依据市场规律而决定，而民营经济受到限制，致使批发市场发展缓慢。

二是快速发展阶段（1978—1992年）。改革开放以后，随着政府对市场管制的弱化，民营经济体逐渐增加，市场经济越来越活跃。1978年底，在经历了计划经济之后，广州率先进行“价格闯关”，在全国开办了第一个可以自由买卖、自由议价、由市场机制调节鲜鱼供应的国营河鲜货栈，此举被视为拉开了中国城市经济改革的序幕。经济制度变革促使小型批发市场的形成与发展，但规模较小，辐射能力较弱。[①]随着从事轻工业等技术难度小的乡镇企业等的蓬勃发展，与此同时广州市轻纺服装等轻工业的快速发展，在此基础之上大批纺织服装批发市场应运而生，原有的综合批发市场也进一步细分。批发市场也从越秀区、荔湾区等向天河区、海珠区等扩散，选址上也多位于交通便利之处，如交通干道、火车站等，比较典型

① 任兴洲：《我国商品批发交易市场发展现状与趋势》，《经济纵横》2000年第8期。

的有广州火车站的白马服装市场。

三是成熟发展阶段（1993—2000年）。随着经济的发展，珠三角区域制造业迅速发展，而广州基于其省会城市交通便利的优势，如东莞、佛山、中山等地的家电、五金、建材等产品都需依托广州分销。在原有服装纺织批发市场的基础之上，又形成了五金、建材等批发市场。而汽车等工业的发展，又为汽车配件批发市场的形成与发展打下基础。从此，广州市专业批发市场形成了以服装、纺织材料、五金、汽配、建材等为主的完整体系，同时经营管理也进一步规范。随着城市经济的发展，城市级差地租越来越明显，低租金的地域成为专业批发市场的首选，如海珠区的服装纺织批发市场；交通的通达性也影响着专业批发市场的建设发展，如广州火车站的白马服装市场等。

四是拓展优化阶段（2000年以后）。进入21世纪以后，一方面，城市级差地租进一步扩大，原有专业批发市场多在城市中心区位，面临较大的租金压力，发展空间受阻，同时城市人口的增长使得原本便利的交通运输环境变得拥堵。另一方面，信息技术与网络通信的发展，使得传统交易方式发生改变，交易方式多样化，依托于互联网的“线上交易”等交易模式不断发展，批发市场的商流与物流出现分离，使得批发市场可以向城郊等地租更低的区域迁移，更接近于商品生产基地。这种转变既有利于城市功能的优化，也有利于专业批发市场的长远发展。基于此，从2014年开始，广州陆续开启专业批发市场的转型升级：一是壮大培育并发展一批优质批发市场，关闭或搬迁低端批发市场；二是依托互联网，注重电子商务在专业批发市场转型升级中的作用。至此，转型升级、优化布局成为批发市场发展的主旋律。

二、广州专业批发市场转型疏解的经验做法

长期以来，广州专业批发市场由于历史原因，配套设施存在极大的安全隐患。而且多以传统经营模式为主，经济产出比较低效。随着新兴产业和业态不断涌现，特别是电子商务的兴起与蓬勃发展对专业批发市场产生巨大冲击。再加上受新冠肺炎疫情影响，广州专业批发市场生存空间被进一步压缩，市场份额普遍存在被分割、被替代的风险，呈现出辐射能力减弱、市场竞争力不足的发展疲态，亟待转型升级。2015年8月，广州被定为国内贸易流通体制改革发展综合试点城市，专业批发市场转型升级成为试点的五项重点任务之一。2017年7月，商务部等九部门联合发布《关于复制推广国内贸易流通体制改革发展综合试点经验的通知》，广州市以平台服务为基础的专业市场转型升级机制成为全国复制推广的37条经验之一。2020年，中共广州市委、广州市人民政府颁布《关于深化城市更新工作推进高质量发展的实施意见》，部署推进九项重点工作，专业批发市场转型疏解作为推动实现老城市新活力的重要一环再次被提上了议事日程。经过多年的沉淀、发展和转型升级，广州的专业批发市场已成为这座千年商都商贸功能的重要载体，其主要经验做法有：

（一）注重规划先行

先后出台《广州市人民政府关于推动专业批发市场转型升级的实施意见》《广州市加快推进专业批发市场转型疏解三年行动方案（2019—2021年）》《广州市支持专业批发市场改造试点工作的意见》等文件，构建了覆盖全流程的配套政策体系，确立了“五个一批”[①]的工作思路，各项任务落实到位、成效明显。此外，广州市规划、国土、商务、交通等部门还会

① “五个一批”即转型升级一批、转营发展一批、拆除关闭一批、搬迁疏解一批、规范整治一批。

同各区政府，先后编制出台了多项专项规划，对全市专业批发市场的发展布局与任务目标进行科学合理的部署。截至2021年8月底，全市专业批发市场数量由713家降至596家，累计298家实现转型疏解，亿元以上商品交易市场达108个，亿元以上市场交易额超2000亿元，为广州建设国际消费中心城市提供了有力支撑。

（二）注重功能重塑

把创新服务供给作为专业批发市场转型升级的主要方向，坚持“一场一策”精准对接，推动市场从商品流通中心向产业服务中心转型，打造行业综合服务平台，实现服务功能更新迭代。以白云区为例，2019年以来，白云区结合旧村改造、片区发展、道路整治以及拆违行动，推动39个专业批发市场进行功能转换，其中拆除关闭27个、转营发展12个，释放和盘活了土地约56万平方米，用作交通枢纽、教育科研、高新科技等建设，大幅提高了土地利用价值。其中，位于西槎路的西城·智汇PARK园区通过功能转换、“腾笼换鸟”，打造“产地供货+电商直播基地”的发展模式，吸引聚集了大量新兴业态进驻园区。除此之外，该园区还通过打造网红摄影基地等，为园区内企业提供优质专业的电商服务。位于松洲街的金达咖啡饮品城，从传统的食品批发零售转型为一站式轻餐饮品牌创业孵化服务基地，每年举办夏、冬两季饮品节和咖啡饮品国际赛事，已入驻企业超200家，园区内每家企业平均服务1000余家终端门店，累计培养人才10万余人。位于同和街的天健商业广场，从传统建材市场转型为ID CITY创意园，集创新展贸、智能办公及品牌孵化为一体，提供一系列创新创业服务，已引入20余家高新企业、23家“四上”企业[①]。而位于京溪街的新百佳服装电商产业园开发的旺加旺服装交易平台，已完成云仓储系统、产品展示系

① “四上”企业是规模以上工业企业，资质等级建筑业企业，限额以上批发零售业、住宿和餐饮业企业及国家重点服务业企业等这四类规模以上企业的统称。

统、下单交易系统、快递系统和财务结算系统等各个子系统之间的连接，交易额超10亿元。

（三）注重数字赋能

适应数字经济发展趋势，组建“专业市场行业数字化创新联盟”，推进新旧动能转换，推动专业批发市场“触电触网”、线上线下融合发展。例如，作为全国服装龙头的广州白马服装市场，便是国内最早一批“触网”的专业市场。该市场通过充分发挥自身产业链及经营模式升级优势，并积极探索“专业市场+公益”的有效融合，助力广州建设国际消费中心，为专业市场焕发新活力做出了标杆示范。据悉，广州白马服装市场通过培育上千个主播和打造线下共享直播间等措施，提升下游销售端基础配套优势，并结合强大的供应链“链接”能力，吸引了大批原创品牌集聚。此外，位于广州市三元里的中港皮具城，也选择通过积极推进商家拓展线上业务推动数字化转型。至2021年底，中港皮具城场内共有10余个成熟的直播机构团队及主播进驻，其中为直播机构供货的商家超过50%。岭南花卉市场探索花卉产业线上线下多业态发展新路径，以“市场+平台”模式整合全国花卉资源，在全国12大城市设置城市仓，线上平台“易批花”月营业额已突破1400万元。与此同时，广州还围绕纺织服装类市场数字化转型，培育形成了“百步”“有纱”“睿时尚衣图”等数字化平台，涌现了致景科技、富米科技、蜜獾科技等一批服务专业批发市场的互联网平台企业。

（四）注重品牌孵化

围绕皮革皮具、鞋业、纺织服装、茶叶等具备产业优势的专业批发市场，积极实施品牌孵化培育战略，建设集品牌商品展示交易、品牌聚集、品牌培育、品牌交流、品牌认证管理、品牌推广、电商孵化等功能于一体的品牌孵化集聚平台，打造了一批“广货”新品牌，提升了“广州质量”“广州设计”影响力。其中具有代表性的白马服装市场是首批荣获“中国服装品牌孵化基地”称号的基地之一。

（五）注重商脉延续

始终着眼擦亮广州“千年商都”招牌，以市场需求为导向，以供应链优势为依托，以升级发展为主线，建立“政府+商会+属地区+企业”推进机制，通过搭建平台、打造标杆、龙头带动等方式有序推动市场转型，力求实现城市更新与商脉延续的有机统一，使广州的专业市场在总量规模、品类数量、辐射影响等方面保持领先地位。

三、典型案例：芳村茶叶市场的转型之路

位于广州荔湾区的芳村是当今中国规模最大、商铺最集中、辐射面最广的茶叶集散地，也是普洱茶浪潮最初兴起的地方。2021年，辖区有南方茶叶市场、华裕茶叶市场、承鸿茶世界等20个市场主体，占地面积达22万平方米，建筑面积为35万平方米，市场经营主体有2859家（企业910家，个体户1949家），从业人员过万人，普洱茶交易量占全国80%，年交易额约50亿元，年税收贡献达2000万元。其中，南方茶叶市场被农业部授予“定点市场”，是国家“菜篮子工程”信息报价茶叶类唯一价格信息提供单位。在专业市场升级转型的浪潮之下，芳村茶叶市场通过加快数字赋能，着力推动消费载体、供给渠道、业态结构提档升级，打造多元、高效、高品质的茶产业链，打造“茶文化”软实力，推动茶产业“广州标准”走向世界，展现出了顽强的生命力和不断自我进化的能力。近年来，芳村茶叶市场紧扣“老城市新活力”目标，发力茶产业全产业链升级，打造从1.0到3.0版本的茶业中心，不断提升茶产业全产业链全方位服务能力，有力推动

茶产业“广州价格”“广州标准”走向世界。

第一，夯实1.0版本，打造品牌孵化地。一是汇聚行业力量。发挥企业集聚示范效应，吸引南方茶叶市场等20家大型市场经营主体及大量注册商户进驻，汇集国内各产地绿茶、红茶、乌龙茶等6大系列1000多个品种，形成了以大益春光茶行为代表，以茶叶的销售、展示、品鉴为主要模式的业态1.0版本。二是规范行业管理。成立国内首个茶业行业商会——南方茶叶商会，搭建茶商、生产商和销售商交流合作平台，引导266名商会成员守法经营、行业自律。建立茶叶商标品牌指导站，提供商标注册、使用、维权等服务，营造健康市场环境，促进商家有序发展。成立南方茶叶市场外来党员党支部，推动广东东和茶叶有限责任公司（以下简称“东和茶叶公司”）等大型商户成立党支部，在市场商圈培育总部经济、行业资源共享等方面发挥党建引领作用，推动茶叶市场高质量发展。

第二，做强2.0版本，扩大国际影响力。一是破解行业痛点。针对茶叶产品真假没标准、仓储不规范、品相参差不齐等困扰行业发展“三大痛点”，开拓茶叶检测、估价、寄售等多元业态，创办全国首家茶叶指数交易平台——东和茶叶公司“东和指数”，实时记录、更新全国普洱茶交易价格，形成“广州价格”“广州标准”，官网单日访问量达140万次，成为全球普洱茶买卖的专业工具与参考指标，实现“指数平台+线下实体交易”。推动形成以东和茶叶公司为代表，具备仓储、集散、检测、品鉴，估价、经销、寄售等功能的业态2.0版本，让中国茶叶品牌实现全球流通。二是促进双线融合。创办广州芳村茶叶批发市场商圈公共信息平台，吸引近3000家商户注册会员，大力推行电子商务等现代技术和管理方式，促使市场逐步由异地结算向场内结算转变、由传统线下交易向线上交易转变、由现金结算向电子结算转变，打造集物流配送、电子结算、价格形成和信息发布为一体的综合性中心。引导商户自建移动客户端和入驻多家电商平台，通过网红直播带货、与知名IP跨界联名等新型营销模式，走线上线下融合的双线发展之路，推动大益春光茶行等一批商户实现线上销售量每年双位数增长。

第三，升级3.0版本，激活产业新动能。一是完善配套建设。结合城中村改造和市政重点项目建设，统筹推动芳村茶叶市场按照商旅结合、商展结合、商文结合、商物结合“四位一体”布局升级改造，加快建设国际茶文化体验交易中心，将茶叶市场划分为茶艺展示区、茶叶研发区、仓储贸易区、茶叶总部区等功能片区，形成体验消费、技术研发、环茶产业三大板块。改造后，茶叶市场较现状占地面积减少1/4，建筑量增加2.5倍，变得更为集聚，公园面积将增加2倍，达到30万平方米。沿花地河创造宜人的公共空间，置入以茶文化为主题的展览馆、研发中心、交易中心及茶馆酒楼等，再现荔湾“一湾春水绿，两岸荔枝红”的繁华景象。二是构建产业生态。发力“产业+文化”体验消费，传承茶文化，将茶文化与岭南特色建筑、粤剧乐曲等传统文化元素相结合，进行多元化的文化输出，着力扩大消费渠道和客户圈层。发挥千年商都优势，延伸茶产业链条，利用国际国内市场资源举办茶博会等展会平台，推动实现茶艺培训、展示、研发、质检、品级认证、旅游博览、文化体验等全产业链全方位服务，打造以贯通生产、流通、消费各环节，带动全产业链提升的茶产业3.0版本，擦亮广州茶产业城市名片。

四、广州专业批发市场转型疏解面临的困难和挑战

尽管经过不断的努力，广州专业批发市场转型疏解取得了阶段性成效。但仍没有实现全面破局，离专业批发市场的高质量发展还有一定的距离。主要表现为：市场集群全面转型成功的典范不多，仍有将近一半的市场未见成效，老旧小的市场占比还比较大；硬件设施得到升级、商流物流得到分流的市场数量还不多，交通状况、环境卫生、治安管理亟待改善的市场占比还比较大；与产业互联网、消费互联网紧密融合的市场数量还不多，以传统“三现”（现场、现金、现货）经营模式为主的市场占比还比

较大；赋能产业、服务商业、引领行业的现代化专业批发市场数量还不多，产业链资源整合能力、服务能力弱的市场占比还比较大，专业批发市场转型疏解仍面临较大制约。

（一）传统专业批发市场发展模式优势不复存在

一是早发优势在批发市场非标准化发展中消弭。广州传统专业批发市场发展，依托广交会和在改革开放先行的优势，占得先机。珠三角其他城市以及华东、华北、华中以及西部地区的专业批发市场发展迅速，势头强劲，导致市场的辐射功能大大缩减。由于广州专业批发市场早期发展的缺陷带来的交通拥堵、环境污染、消防隐患等问题日益突出，与现代化城市治理之间的矛盾越来越突出。二是区位优势在物流行业现代化的背景下弱化。广州地处改革开放前沿，居于交通枢纽的优势地位，为早期广州专业批发市场的快速发展创造了得天独厚的条件。但是，随着国家交通、通信等基础设施建设的不断完善，现代物流体系、通信技术、数字技术使商品流通更加便利，地理区位不再成为市场发展首选，国内批发市场发展格局正在发生深刻调整。三是成本优势在小商品交易扁平化形势下压缩。随着珠三角地区产业转型升级的加速，广州专业批发市场的成本优势对国内其他地区消费市场的吸引力正在减弱。尤其是近年来电子商务、网络购物的普及，缩减了市场交易的中间环节，扁平化趋势明显，成本优势已不再，企业绕过专业批发市场直接面向消费者进行低成本商品交易的情况越来越普遍。

（二）传统专业批发市场转型升级内在动力不足

一是市场主体对传统经营模式存在依赖惯性。专业批发市场开发者的主要目的是租售店铺、收取租金，而不是发展市场、服务产业，可观且可预期的租金收益导致缺乏转型升级的动力。而入驻商户传统的“三现”交易比较可控，又能节约人工和管理投入，因此普遍存在依赖心理，使一大批低层次专业批发市场的转型升级难以推动。二是市场主体对转型疏解风险缺乏应对信心。多数专业批发市场是伴随城市发展而发展的，具有一定的产业基础和交易渠道基础，形成了具有一定影响力和辐射力的商圈。因此，多数商户对于市场转型疏解可能带来的客户流失、渠道减少、商圈失散等情况仍心存忧虑。三是市场主体对利益诉求不同影响一致行动。广州大部分中小型专业批发市场与村级工业园相配套，市场用地多属于村、社区或私人、企业所有，其中自有物业约占18%（见图5-2），有些市场甚至是租赁土地兴建，村、社、企业、市场以及商户之间的权属利益存在错综复杂的关系，只要一方利益受到影响，就会给市场改造带来阻力。

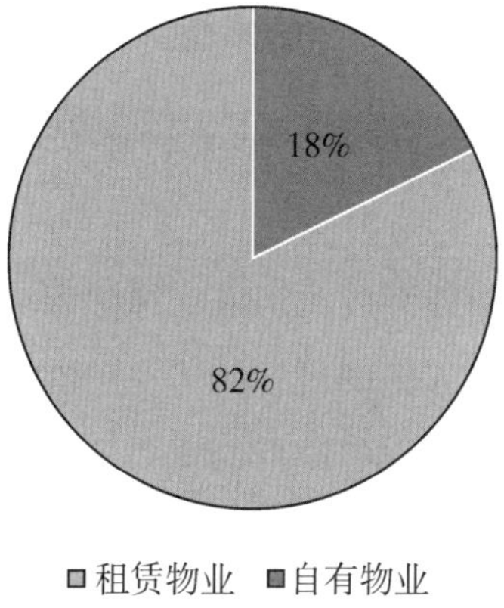

图5-2　市场经营方自有物业占比情况

（三）传统专业批发市场转型发展前景不容乐观

一是展贸化发展路径受疫情影响较大。展贸化是广州传统专业批发市场转型升级的重要路径，但进程并不顺畅，归结于商户依然长期固守传统经营模式。自从新冠肺炎疫情发生以来，广州会展业受到相当程度影响，更使得专业批发市场展贸活动大大减少，无论是自办展会还是外出参展，所得成效并不理想。二是数字化转型空间受电商巨头挤压。数字化转型是专业批发市场发展的必然趋势，但成功的市场数量并不多，主要原因是国内一批电商巨头占据了电子商务市场的主要份额，几乎涵盖了各个行业以及各个垂直细分领域，专业批发市场自建互联网平台难以与之竞争。同时，数字化转型所产生的高额推广费用和运维费用，也令商户望而却步。三是标准化平台改造受投资成本限制。专业批发市场由卖场升级为综合服务平台是业态转型的重要方式，但标准化改造投入不足。广州专业批发市场普遍规模不大，市场建设长期缺少标准化工作指引，各类配套设施不够完善，商户组织化程度不高，进行标准化升级改造的基础比较薄弱，较大的改造成本投入，难以调动市场主体积极性。

五、持续推进广州专业批发市场转型疏解的建议

随着新发展格局的加速形成，国内、国际两个消费市场格局的深刻变化，倒逼专业批发市场进入转型疏解的历史关键期。广州要抓住服务构建新发展格局、建设国际消费中心城市的重要机遇，着力打造新时代广州专业批发优质市场集群，不断拓展功能、创新模式，重构生态、激发活力，把专业批发市场打造为资源要素配置的关键节点、现代流通体系的重要支撑、国际消费中心城市建设的亮丽名片。

（一）强化目标引领：确立广州专业批发市场转型疏解的功能定位

一是着眼实现区域协调发展，强化专业批发市场的资源要素配置功能。要打破原有的市场分割界限，通过补短强链，全面提高购销渠道的整合、控制能力，逐渐将上下游产业链纳入自己的交易和分工体系，以专业批发市场为关键环节进行资源要素配置，形成共享的大市场。同时协调产

业在相邻区域间的分工，克服产业分工的趋同化，打牢区域协调发展的产业支撑。支持优势批发市场集群做大做强，以规模经济和交易效率的提高，吸引商户集聚，驱动所在地区的经济高速增长，进而形成多中心的空间结构。

二是着眼加强枢纽型的节点建设，强化专业批发市场的流通体系支撑功能。既要立足于解决中心城区过度集聚的专业批发市场的商流、物流分离问题，又要通盘考虑流通枢纽节点建设，完成对全市各个区域、各个品类专业批发市场的辐射和覆盖，布局形成全市统一的专业批发市场流通网络，更好地把专业批发市场的商贸流通功能嵌入到广州作为国际交通枢纽的城市功能之中，切实提高流通效率。

三是着眼构建全球化的标准模式，强化专业批发市场的消费市场导向功能。广州专业批发市场要面向全球展示新形象，积极走出去开拓国际市场，以国际化市场规则、质量标准、交易渠道推进转型升级，引进培育一批引领全球消费风向的名节名展。特别是抓住粤港澳大湾区建设的机遇，强化高端供给，积极开展市场采购和转口贸易，实现“买全球、卖全球”。

（二）强化政府引导：在广州专业批发市场转型疏解中充分发挥政策导向作用

一是把专业批发市场转型疏解嵌入到城市总体规划之中，以规划支持转型。宏观层面要尊重专业批发市场的形成规律和发展趋势，立足于弘扬优秀传统文化、延续商脉增厚底蕴，始终保持千年商都的勃勃生机，在建设宜居城市、绿色城市、人文城市和智慧城市中实现专业批发市场的华丽转身。微观层面要积极推进合理疏解、有序疏解，多采用空间优化微改造、“一场一策”等“绣花”功夫优化物理空间，提升市场品质，切实实现紧凑集约、高效绿色发展。

二是把专业批发市场转型疏解嵌入到区域产业布局当中，以产业支持转型。在规划产业集聚区和文旅商融合区时，要统筹考虑制定专业批发市场转型疏解的整体布局，在形成统一高效的市场体系上给予明确的方向指引，聚合起城市更新引擎的强大动力。要严格控制市场的增量建设，重点做好存量的提质创优，盘活用地存量，优化产品结构，拓展和创新功能，强化产业导入，促进产城融合，通过专业批发市场与产业集群的高效协作推动区域经济转型和高质量发展。

三是把专业批发市场转型疏解嵌入到暖企惠企措施之中，以政策支持转型。深化为民服务意识，切实帮助市场主体解决实际困难，考虑出台有针对性的暖企惠企措施，着力解决专业批发市场当下生存的问题和长远转型发展的需求。对于已经转型成功的专业批发市场，不仅要继续给予税费减免，还要着力实现从纾困向赋能转变，鼓励不断创新。对于亟待转型疏解的专业批发市场，要加大金融支持力度，探索解决中小型专业批发市场和市场商户融资难的新路径，激发中小型专业批发市场的转型动力。

四是把专业批发市场转型疏解嵌入到优化营商环境之中，以生态支持转型。持续推动营商环境4.0改革，全面细致梳理专业批发市场领域的行政审批、商事登记、市场监管、政务服务等制度机制，系统优化专业批发市场转型疏解涉及的企业开办、办理施工许可、获得电力等指标，着力实现减环节、减时间、减成本、优服务，把专业批发市场打造成全市营商环境改革的试验田，积极营造中小型批发市场、商户生存发展的友好环境。

（三）强化市场引流：培育更具核心竞争力的广州专业批发市场

一是引领形成大湾区专业批发市场联盟，走集群发展之路。广州专业批发市场要在日趋激烈的竞争中保持优势，必须在全市范围内建立战略联盟，高效组织全市专业批发市场互相支持，抱团发展，同时引领形成大湾区专业市场联盟，更好地协调和处理好竞争与协同的问题。联盟内部可探索开展“类连锁式”经营，运用物流配送与电子商务等先进手段，改革传统专业市场经营模式和单一、分散的市场业态，切实避免“内卷化”，从而降低交易成本，提升整体竞争实力。

二是鼓励发展特色鲜明的专业批发市场，走错位发展之路。继续深化“一场一策”的专业批发市场升级疏解方式，针对消费群体结构、需求和消费方式更加丰富、更加细分、更加多元的发展趋势，支持专业批发市场在转型过程中充分把握个性化、多元化、小众化的市场特点，建设更多文化、健康、定制、情感、人工智能等消费领域的细分市场，大力发展体验型、服务型新业态，做精、做深、做优体验式、沉浸式消费，实现未来专业批发市场的错位发展。

三是利用信息技术实现专业批发市场再造，走智慧发展之路。抓住电子商务发展的机遇，对专业市场进行流程再造，推动线上线下的高效结合，争取突破专业市场传统辐射范围的地理空间和交易时间限制，使区域性市场向全国甚至全球延伸，为专业市场实施国际化战略创造良好条件。加大现代物流网络建设，促进仓储功能外移，实现低库存、零库存批发。鼓励全市专业批发市场联合建设“智慧批发”平台，在传统电子商务平台的基础上，依托广州良好的产品开发和生产能力，积极打造具有广州特色的网络交易平台，走出一条属于广州的电子商务新路。

（四）强化平台引路：提升广州专业批发市场的影响力和话语权

一是建立行业性定价平台，制定全品类商品价格指数。广州专业批发市场品类全、数量多、规模大、辐射面广，具备编制相关商品价格指数的现实条件。可以由价格主管部门、商务部门、市场监管部门共同协作，引导有关研究机构、行业商会和专业批发市场共同采集价格数据，编制和发布广州专业批发市场涉及的各类商品价格指数，形成科学规范、有影响力的“广州价格”，增强广州专业批发市场的价格优势。

二是建立国际性设计平台，推动专业批发市场时尚化发展。大力推动专业批发市场主动与产业链上生产企业联合，创新经营服务新模式，适应定制智能化生产和个性化消费的时代要求。鼓励行业龙头企业或者企业联盟建立国际性设计平台，围绕优势主营商品，按照国际标准组织具有广泛影响力的商品设计大赛，不断提升广州专业批发市场的美誉度。

三是建立服务性数据平台，拓展数字化应用新场景。强化科技赋能，推进数字基础设施建设，依托行业协会建立专业批发市场综合数字服务平台，推动行业跨界联合，以数字技术赋能专业批发市场进行数据整合和资源配置升级，为专业批发市场和商家精准营销和服务产业提供信息支撑。

四是建立综合性展贸平台，建设全品类商品发布中心。依托广交会打造广州专业批发市场综合性展贸平台，集中发布专业批发市场创新产品，通过多形式、多渠道的宣传推广，形成规模效应和品牌效应，扩大“广货”的知名度和影响力，推动广州专业批发市场集体“走出去”。

第六章

广州对物流园区的整治提升

传统物流园区特别是中心城区低端物流园区整治提升，是广州城市更新九项重点工作之一，对于城市生态修复、城市功能完善具有重要意义。近年来，广州市以建设国际物流中心为战略目标，持续推动低端物流园区的整治提升和转型升级，取得了重要的阶段性成果，并为城市实现高质量发展奠定了良好基础。

一、传统物流园区整治提升的重要意义

广州中心城区的物流园区是历史发展的产物，在社会主义建设时期和改革开放的历程中，这些物流园区曾经承担了、有些至今仍然承担着重要的商品货物流通功能，极大方便了市民群众的日常生产、生活。但随着广州城市建设的快速发展，中心城区物流园区越来越不适应城市发展和经济社会发展的需要，因此，对中心城区物流园区进行整治提升变得越来越迫切和必要。

（一）物流园区整治提升是推进城市更新工作的重要内容

2020年，中共广州市委、广州市人民政府发布的《关于深化城市更新工作推进高质量发展的实施意见》明确提出，统筹城市更新的九项重点工作，把低效物流园区的整治提升纳入其中。同年，广州市人民政府办公厅印发《广州市深化城市更新工作推进高质量发展的工作方案》，明确物流园区整治提升的具体目标，并进一步细化工作步骤，提出三年实施计划、五年行动方案、十年改造规划。方案分别要求：“推进3个物流园改造项目，到2023年底前，按照城市更新三年实施计划项目的改造进度，同步推进涉及的物流园综合整治。”“推进11个物流园改造项目，到2025年底前，按照城市更新五年行动方案项目的改造进度，同步推进涉及的物流园

综合整治。”“推进37个物流园改造项目，到2030年底前，按照城市更新十年改造规划项目的改造进度，同步推进涉及的物流园综合整治。”物流园区整治提升的目标、内容和步骤都非常明确。

从上述工作方案中可以看到，中心城区的物流园区整治提升工作，是“三园”整治的一个部分。在实际工作中，“三园”中的物流园整治虽与“三旧”“三乱”整治有着千丝万缕的联系，但本质上有明显的不同之处。首先，物流园区整治提升的对象主要是市场主体，而“三旧”“三乱”面对的是旧城、旧村、旧厂以及一些违法建设的主体等；其次，物流园区通常占地面积较大，小的占地几万平方米，大的占地几十万平方米，通过清理关停物流园区，能快速释放大量发展空间；再次，物流园区通常建筑面积小，而且建筑大多是临时建筑，整体关停、土地收储成本相对较小。

中心城区物流园与“三园”中的专业批发市场、村级工业园也有着显著不同。首先，物流园有高度的流动性，从地理位置上看，物流园主要与机场、铁路、公路等运输线为邻，或依托附近的工业生产企业而形成，周边环境往往对形成什么样的物流园有着决定性的作用；其次，与专业批发市场不同，物流运输货物和目的地呈现明显的多样性，同一个物流园，有时既承担农产品运输，也承担工业品运输，既承担往市外运输，也承担接收货物，目的地和货源地遍布全国；再次，物流园区对周边区域的影响比后两者要大，对交通条件的要求更高，特别是大型货车的通行和停靠往往容易形成局部严重的交通拥堵，同时由于占地面积较大，内部管理的问题也比较多。

（二）物流园区整治提升是推进土地节约集约利用的必要手段

一方面，物流园区的显著特点是占地面积大，土地利用效益比较低。根据广州市委财经办的调研资料发现，广州市传统物流园区呈现产业低端、土地利用水平低、集约化程度低、信息化水平低的“四低”的明显特征。经过实地考察之后可以发现，广州市相当数量的物流园区特征完全符合上述特征。从整体上看，全市物流仓储用地共45平方千米，平均开发强度0.42，仅为国际先进城市的1/5，小于1万平方米的地块占总数的65%以上，83%不符合控规，是广州增强综合城市功能的主要短板。以白云区嘉忠物流园区为例，该物流园位于中心城区的边缘位置，与市中心直线距离7千米左右，面积14万平方米左右，2020年上交的利税约2600万元。与之相比，天河中心商务区每平方千米生产总值高达265亿元，超亿元税收的楼宇就达62栋，两者相比土地产出率差距巨大。虽然简单比较并不十分科学，但是物流园区的低产出率可见一斑。要改变这一状况，促进土地的节约集约利用，对中心城区的物流园进行整治提升就变得十分迫切。

另一方面，从物流业本身的发展规律的角度看，中心城区的物流业的整治提升十分必要和及时。广州提出要构建以国内大循环为主体、国内国际双循环相互促进的新发展格局战略，推动广州加快建设“全球效率最高、成本最低、最具竞争力”国际物流中心，促进现代物流高质量发展，不断完善提升国家中心城市功能、产业能级和核心竞争力。推动物流业的高质量发展，必然要求提高土地的精细化、集约化利用程度，也必然会出现新的物流形态替代旧的物流形态，对旧的物流园区进行整治提升，淘汰现有的粗放式的物流经营模式都是势在必行的举措。

（三）物流园区整治提升是优化城市功能的重要举措

一方面，优化城市功能是一个动态的过程，城市功能关键是要与城市发展阶段相匹配，过度超越或严重滞后于城市发展阶段的城市功能，存在的合理性都会大打折扣。同国内其他一些特大城市一样，改革开放以来，广州城市建设经历了一个迅猛发展的过程。1978年广州城区人口只有200万左右，现在物流园区最集中的白云区，处于城区与郊区的接合部，是当时物流产业的首选地。40多年过去，广州常住人口增长了5倍左右，2020年末达到1867.66万人，实际服务人口将近2200万人，单单白云区常住人口就达

374.3万。随着人口的快速增长，中心城区面积也迅速扩张，原来在白云山边上的白云国际机场2004年已搬迁到距旧址直线距离20千米之外，广州南站、南沙港新港也陆续建成，中心城区物流园区的整治、城市整体物流功能的完善变得越来越迫切。

另一方面，随着城市的迅猛发展，原先处于城郊的物流园区越来越靠近中心城区，带来的问题也日渐显现出来。一是交通拥堵问题，物流园区对交通条件要求高，占用交通资源多，而处于中心城区的物流园区，货车和其他车辆争抢日益稀缺的道路资源，经常造成严重的交通拥堵，群众对此反映十分强烈。二是环境恶化问题，物流园区基础设施、内部管理等较为薄弱，容易滋生脏乱差、黄赌毒等问题。解决这些问题的根本，就是对物流园区进行综合整治提升，该关闭的关闭，该搬迁的搬迁，让城市功能与城市的发展阶段、发展状况更好匹配。

二、传统物流园区整治提升的主要措施

近年来，在中共广州市委、广州市人民政府的高度重视下，广州市交通运输局充分发挥牵头作用，各区积极发挥主体作用，市各有关部门支持配合，大力推进中心城区物流园整治提升，向存量要空间、以质量促发展，促进城市功能不断完善，为推动广州老城市焕发出新活力贡献积极力量。

（一）基本工作原则

一是加强统筹部署，压实工作责任。深入摸查物流园区数量、规模、用地性质、经营性质等基本情况，将不符合城市发展规划的物流园区纳入整治主要对象，为推进整治提升工作打下良好基础。实施加快推进物流园

区整治提升三年行动计划，制定先易后难、分步推进的实施策略，明确年度清理或转型对象清单，实行挂图作战。细化交通、发改、规划、市场监管等相关职能部门职责分工，形成强大整治提升工作合力。指导各区制定物流园区整治提升工作计划，细化分解任务目标，综合运用“三旧”改造、土地征收、违建清理等方式，全面推进整治提升相关工作。充分发挥镇街及有关部门力量，严格落实货车限行等措施，严把中心城区物流园区准入关，压实压细各级责任。

二是强化分类引导，激发发展活力。按照清理收储类、改造提升类、关停拆除类对纳入整治范畴的物流园区采取分类处置，确保物流园区整治提升稳步推进，取得实效。指导各区结合产业发展趋势、全市发展战略要求和各区发展诉求，因地制宜，对园区在产业类别、改造功能等方面予以发展指引与规划建议，推动一批物流园区完成升级。

三是完善园区布局，实现资源集聚。结合《广州市综合交通枢纽总体规划（2018—2035年）》《广州市交通物流融合发展第十四个五年规划》等规划成果，协调推进南沙片区港口物流园、北部航空产业物流园、中部铁路物流园区（广州铁路集装箱中心站）建设，重点推动广州东部公铁联运枢纽（广州国际物流产业枢纽）项目落地，努力构建“通道+枢纽+网络”大物流运行体系，加快推进“交通+物流+产业”融合发展，推动组织模式和行业管理体制机制创新，促进物流提质降本增效，奋力建设全球效率最高、成本最低、竞争力最强的国际物流中心。

持续优化物流基础设施布局，促进快递行业高质量发展。广州市邮政管理局联合市交通运输局印发《促进市邮政业高质量发展的若干措施》，在行业管理、用地保障、资金支持等方面，鼓励国际、国内大型快递企业在广州设立供应链总部、快运总部、云仓总部、国际总部，稳步推进中国邮政华南陆路邮政处理中心、广州轻件处理中心、白云石湖智慧供应链物流总部等一批重大快递项目落地，进一步巩固全国快递龙头城市地位。

四是加大宣传力度。《南方日报》《广州日报》等本地媒体前往八方物流园、林安物流园、华邦物流园等园区进行实地采访，《南方日报》刊发《一年腾空三个“广州南站”！物流园整治提升的广州战法》，《广州改革》刊发《广州：物流园区整治提升，推进“交通+物流+产业”融合发展》，《广州财经》专刊发布《深入推进物流园区整治提升 加快建设全球一流国际物流中心》，等等，均取得良好宣传效果。

（二）主要工作措施

1. 围绕服务构建新发展格局，在建设现代物流体系上下功夫，实现交通、物流、产业的融合发展、高效循环

长期以来，广州市交通和物流融合发展不平衡不充分问题突出，大部分物流园远离铁路、港口枢纽，95%物流货站位于中心城区，与制造业、商贸业等物流需求大的产业布局错位，与周边城市、成渝城市群、长三角城市群物流通道不足、多式联运体系不健全，成为制约广州提升服务构建新发展格局能力和水平的主要堵点和痛点。广州市坚持破立并举、以破促立，以传统物流园整治提升的加速推进，倒逼现代物流体系的加快建设，积极探索“交通+物流+产业”融合发展的枢纽经济新模式，推动物流园与交通枢纽、产业发展、城市功能布局相向而行、同向发力。

一是构建高水平融合发展格局。编制实施《广州市交通物流融合发展第十四个五年规划》等专项规划，推进交通规划、物流规划、产业规划、城市发展规划深度融合，实现物流规划与城市总体规划、土地利用规划相统一，物流园与交通枢纽布局相一致，物流产业与城市功能相协调。依托白云国际机场、南沙港区、铁路枢纽等布局5个特大型物流枢纽，围绕重点产业区、珠江航道、铁路货站、高速公路建设10个大型物流枢纽，围绕制造业、商贸业等产业园区规划N个物流骨干节点，打造以特大型物流枢纽为核心、大型物流枢纽为骨架、物流骨干节点为补充的“5+10+N”空间格局。

二是建设高标准国家物流枢纽。加快推进符合条件的特大型物流枢纽建设国家物流枢纽，广州港口型国家物流枢纽入选首批国家物流枢纽建设

名单，空铁融合经济示范区、南沙综合保税物流园加快建设。2020年，白云国际机场新开及复航国际航线21条、国内通航点20个。广州港新开通国际班轮航线28条，增加万吨级码头泊位24个，港口货物、集装箱吞吐量分别比2018年增长2330万吨、159万标箱，分别由全球第6位、第7位提升至第4位、第5位，广州在新华·波罗的海国际航运中心发展指数中的排名从第18位升至第13位。2020年广州开行中欧班列111列，同比增长63.24%。社会货运量、公路货运量、铁路货运量、快递业务量均保持全国前列。

三是完善高效率多式联运体系。广州为首批成功创建全国综合运输服务示范城市。“中南西南—粤港澳—海上丝绸之路”公铁江海集装箱多式联运示范工程等项目成功申报省级多式联运示范工程。广州港南沙港区粮食及通用码头泊位扩建、南沙港铁路等重点多式联运节点工程顺利推进，至2020年底累计完成投资374.33亿元。广州东部公铁联运枢纽建成后将成为粤港澳大湾区战略性核心物流支点，为广州东部先进制造业发展提供战略支撑。

四是打造现代供应链体系。适应常态化疫情防控需要，建立安全可靠的生产生活物资、农业生产物资、公共卫生防控防疫物资仓储调拨和运输保障机制，完善大湾区“米袋子”“菜篮子”产供销保障体系。白云区良田粮库、广州东部粮油储备加工中心等一批项目加快建设。全球人道主义应急枢纽成功落户南沙保税国际物流园区，总面积约5万平方米，项目投资规模约8亿元，2021年将建成投入使用。全国供应链创新与应用试点城市建设扎实推进，致力于打造成为亚太地区供应链组织中心。

2. 围绕增强综合城市功能，在推动物流园区转型升级上下功夫，实现集约高效发展

广州市在复制推广转型升级试点经验基础上，“一园一策”明确重点整治的62个物流园的主导产业、功能导向，计划2023年全面完成转型升级任务，打造成为实现老城市新活力典范。

一是盘活城市空间资源。强化规划管控，对纳入整治范畴的物流园按清理收储类、改造提升类、关停拆除类开展分类处置，对不符合现有产业

规划的物流园限期关停，疏解中心城区货运物流功能，为产业发展、城市功能提升储备了大量连片空间，2019年启动城市更新九项重点工作之后，两年内累计完成78个物流园清理，其中纳入统一收储计划46个，占59%，面积约230万平方米，优先发展数字经济、战略性新兴产业和先进制造业。白云区将石门、石井街道完成清理的18个物流园区收储的优质土地，建设白云湖数字科技城，已签约落地广州北大科技园、广州中关村发展创新中心和中能建数字产业总部、力合（清华）白云湖AI数字创新基地等重大项目。

二是打造转型升级示范。制定实施2020—2023年整治提升类物流园区土地利用及产业发展规划，对符合总部企业认定标准的物流园，发展物流总部经济、电商快递、城市配送等现代物流业。截至2020年底，已成功转型升级3家物流园：白云区城门河物流园升级为汽贸城，已进驻8家汽车4S店，商户进驻率超过90%，年产值约20亿元；花都区富力物流园引进广州极兔供应链公司和广州市枞诚航空货运公司等物流快递公司，2020年园区税收同比增长48.3%；黄埔集装箱中心站转型为大健康产业城，2020年营收同比增长34.7%。

三是提高集约发展水平。2019—2020年，广州全市新规划建设18个现代物流园，广州白云国际物流园、广州富力国际空港综合物流园等4个园区相继建成，推动企业加快集聚。2021年3月，广州市政府印发实施《广州市精准支持现代物流高质量发展的若干措施》，明确新建物流仓储用地容积率一般不低于2.0，对提高自有工业用地或仓储用地利用率、容积率并用于甲级仓储、智能分拨转运等物流设施建设的，不再增收土地价款。

四是提升物流运行效率。深入推进广州营商环境4.0改革，在提高通关效率、园区管理运营模式创新、多网点协同、快速分拨中转智能化等方面制定多项改革举措。2020年12月，广州海关进口、出口整体通关时间12.53小时、0.87小时，较2019年分别压缩50.7%、62.8%。2020年，全市装卸作业效率由每车平均2小时提高至0.4小时，车辆周转率由每天平均2趟提高至4.5趟。在普华永道和中国发展研究基金会发布的《机遇之城2019》评价指标中，广州“物流效率”排名全国第一。

3. 围绕推动经济高质量发展，在做大做强物流市场主体上下功夫，实现物流业向产业链价值链高端发展

整治前，广州市物流规模虽然位居全国前列，但物流业发展水平不高。世界50强物流企业均未在广州设置大区总部，全国50强物流企业仅有1家（广铁集团）在广州设立总部，98.46%的物流企业集中在货物运输、贸易代理、货运代理等价值链低端环节。广州市以物流园整治提升为契机，加快推动物流企业规模化、现代化、国际化发展，增强产业链供应链稳定性和竞争力，提升物流业对现代产业体系的支撑和带动作用。

一是加快集聚物流龙头企业。2019—2020年，广州市已成功引进77个项目，协议（意向）投资总额约431.3亿元，协议达产年产值约826.9亿元。世界50强物流企业在穗设立区域总部实现零突破，DHL、嘉里、日通、马士基4个华南区总部项目相继落地，联邦快递在空港设立法人实体。顺丰等25家邮政快递品牌在广州设立总部或区域总部，中国邮政华南陆路邮政处理中心、苏宁跨境电商全国枢纽等一批重大项目加快推进。截至2020年底，广州市物流注册备案企业达2.4万家，A级物流企业增加27家，达121家。其中AAAAA级企业增加2家，达15家。总体业务量、业务收入增速跃居全国前列。

二是持续优化物流业态结构。巩固快递物流、大宗商品物流等传统优势，培育壮大第三方物流、冷链物流、应急物流等新业态，整体提升物流价值链水平。增强广州铁路枢纽、广州港等转运功能，推进粮食、汽车、煤炭、矿石等大宗商品物流集聚集约发展。玉湖国际冷链产品交易中心中国总部等冷链物流项目顺利落地，华新（集团）物流中心等企业积极开展第三方配送外包业务。跨境电商进口连续多年排名全国第一。2020年，广州市快递业务量和快递业务收入位居全国第二，全市社会物流总额60653亿元，比2018年增长12.37%。

三是积极搭建智慧物流平台。全市商贸物流企业逐步普及电子数据交换技术、货物跟踪技术，构建商品来源可追溯、去向可查证、物流流程可

视化的智慧物流运作体系。建成政府、行业协会、企业三个层级物流信息平台，塑造卓志跨境电商智慧供应链服务平台、广州城市配送信息服务平台、广州冷链公共服务管理平台等知名品牌，推动广州物流信息化水平走在全国前列。

4. 围绕提升城市功能品质，在物流园区环境综合整治上下功夫，实现生产、生活、生态“三生”融合

整治前的物流园多为自发形成，不能便利市民生活，物流配送节点未依据商业、居民集聚区进行规划布局，造成大量迂回运输、过远运输，人多、车多、秩序混乱，对城市生产、生活、生态环境带来严重影响。广州市坚持以物流园环境综合整治提升为牵引，科学布局生产、生活、生态空间，实现物流设施布局与经济发展、城市运行、市民生活相匹配，推动城乡环境面貌改善、城市功能品质提升，助力广州品质之城、美丽宜居花城建设。

一是营造更便利的物流服务环境。以高速公路为主的对外通道体系相继开通，以快速路为主的市域货运通道逐渐完善，以城市主干路为主的市域配送通道不断健全。2019—2020年新增高快速路127.7千米，通车里程达357千米，形成辐射全国的运输网络。新增邮路655条，全面覆盖行政村。建成30410个城市配送节点，覆盖全市11个区，有效解决“最后一公里”交通瓶颈问题。新增智能快件箱7108组，累计建成13200组，日均入柜包裹量超75万件，为1300万消费者提供优质、高效、便利的物流服务。

二是营造更舒适的人居环境。完善一批物流园环保、消防、安监设施，实现环境和功能提档升级，带动周边环境改善和土地价值攀升。关停并转物流园腾出的宝贵土地资源，除用于产业发展外，重点布局基础设施和公共服务设施，有效解决群众最急最忧最盼的问题。白云区城门河货运市场整治提升后，村集体仓库租金大幅上涨，群众获得感显著提升。2019年和2020年，进入中心城区的大型货车数量分别比上一年度下降82.5%、67.4%，群众出行安全感显著提升。北部咽喉片区交通拥堵得到明显改善，白云区增槎路—庆槎路片区交通拥堵指数从2019年的3.87下降至2020年的

2.33，下降幅度达39.8%，群众出行幸福感显著提升。

三是营造更优美的生态环境。坚决关停拆除位于生态保护红线、河道蓝线的物流园区，物流园区整治工作启动两年内新增绿化与公共服务设施用地面积15.1万平方米，真正做到还绿于民、还景于民，华新物流配送中心由老旧低端仓库蝶变为现代化花园小区成为亮点。加快绿色物流发展，大力推广物流领域新能源汽车应用，2019—2020年，新增新能源货车9942辆、总数超2万辆，充电桩超4万台、充电总功率超170万千瓦，从源头上减少对大气、水体、土壤等环境污染，为广州2020年空气质量6项指标首次全面达标、优良天数比例首次超九成做出积极贡献。

5. 围绕促进城市治理现代化，在打造党建引领多方协同工作格局上下功夫，实现共建共治共享

物流园整治提升既是经济问题也是政治问题，关系到城市安全和社会稳定。传统物流园普遍存在严重消防、安防等隐患，是违法犯罪多发、安全生产事故频发、矛盾纠纷突出的重大风险点，约1/3为村集体物业，“长租期、低租金”情况严重，群众反映十分强烈。广州市坚持以人民为中心的发展思想，推动物流园整治提升与党史学习教育有效衔接，使物流园整治提升的过程成为党的创造力、凝聚力、战斗力不断增强的过程，成为城市治理现代化水平不断提升的过程。

一是党建引领高位推动。成立市九项重点工作领导小组，市委主要负责同志亲自谋划、全力投入、以上率下，多次深入一线调研、召开专题会议、组织现场调度会，挂点推动白云区大源村改造等“硬骨头”。成立市委九项重点工作巡察组，把物流园整治提升主战场作为培养、历练、考验干部成长的大舞台，广大党员干部展现出来的优良作风得到群众一致肯定，一批干部经过思想淬炼、政治历练、实践锻炼、专业训练，成为推动经济发展、化解矛盾纠纷、提高城市治理效能的行家里手。

二是多方联动合力推进。市交通、发改、规自、住建、国资、工信、公安等部门，各负其责、密切配合、协同作战。各区充分发挥主体作用，积极作为、敢于担当、强力推进。国企发挥示范带头作用，物流协会、道

路运输协会等行业组织发挥桥梁作用，形成政府推动、上下联动、企业主动、社会支持的浓厚氛围。

三是改革创新示范带动。出台三年行动计划、年度工作方案、产业发展规划等10多项规划及政策文件，从顶层设计上确保了政策体系的完备统一、无缝衔接。在提高用地效率、提升改造动力等方面深入改革，有效破解村社集体意愿不强、市场主体积极性不高、转型升级路径单一等问题。坚持试点先行和全面推进相促进，综合运用“三旧”改造、土地收储、违建清理等方式，一揽子解决征地留用地、集体土地“长租期、低租金”等长期困扰农村发展的历史难题。白云区大源村物流园区成功转型电商产业园，实现村集体收益近三年年均增长34%，发挥了重要典型示范带动作用。

四是夯实根基强化治理。深入构建基层党组织领导的主体负责、专群结合、协同配合的共建共治共享社会治理格局。推动纪检、公安等力量下沉基层，将物流园整治提升与扫黑除恶专项行动结合起来，一批原来治安隐患多、经营混乱、情况复杂的物流园“由乱转治”，探索出许多可复制、可推广的鲜活经验，基层治理水平、村居党组织威信得到极大提升。2021年全市村（社区）“两委”换届工作取得平稳有序历史性突破。

三、传统物流园区整治提升的主要经验

在传统物流园区整治提升工作开展之后，两年多时间内广州市取得了一系列战略性成果，国际物流中心建设迈出坚实步伐，为建设国际商贸中心、增强综合城市功能、服务构建新发展格局提供强有力支撑。典型成果包括：淘汰清退关闭企业和商户近3000家，转型升级企业和商户300多家；白云国际机场二期扩建工程、南沙港区三期工程建成投产，2020年白云国际机场旅客吞吐量跃居全球单体机场第一、货邮吞吐量跃升全国第二；广州港港口货物、集装箱吞吐量分别位居全球第四位、第五位，铁路运营里

程达357千米、高速公路通车里程达1126千米，2020年物流业增加值2135亿元，比上一年增长6.15%，吸引多个世界50强物流企业在穗设大区分部或亚太转运中心，国内知名物流企业均把广州作为运营基地，整治提升工作取得战略性成果。

综观传统物流园区整治提升的实践过程和工作成效，可总结为以下三条经验：

第一，低端整治与高端优化相配合。近年来，同步推进中心城区低端物流园区整治和外围城区大型现代物流枢纽功能优化，是物流园区整治提升的基本思路。在中心城区尤其是白云区，低端物流园区数量众多、分布广泛，是本轮城市更新工作需要整治提升的主要任务。截至2020年底，整治提升工作成效显著，已完成整治提升的物流园超过80个，释放的存量土地面积超过300万平方米。与此同时，以大型物流枢纽建设和优化为牵引推动高水平物流行业高质量发展，则是更具长远意义的工作重点。以持续完善园区布局为目标，全市推进南部的南沙港物流枢纽、北部的空港物流枢纽、中部的铁路物流园区、东部的公铁联运枢纽等项目建设，成为推动现代物流行业高质量发展的重要抓手。

第二，清理疏解与转型升级相结合。对于分布在中心城区的低端物流园区，《加快推进广州市物流园区整治提升三年行动计划（2019年—2021年）》采取了清理疏解为主、转型升级为辅的工作策略。原因有三：首先，大部分低端物流园区多为自发形成的货运站场，缺乏科学合理的规划，在消防、安全生产等方面也存在潜在风险。其次，物流园区的存在造成货车和其他车辆争抢稀缺道路资源，从而造成了交通拥堵、环境恶化等不良后果。再次，部分物流园区为村社集体物业或者占用了农村集体土地，租期长、租金低的情况亟待改变。因此，清理疏解自然成为低端物流园区整治的首选目标。同时，针对部分转型发展空间较大、改造基础良好的物流园区，推进物流企业的转型升级也是一个可行思路。比如，有些物流企业已经从传统物流转型为冷链物流、应急物流等，有些物流企业则通过建设和出租物业进入商业领域。

第三，物流功能与城市品质相融合。低端物流园区整治提升不仅是推进城市更新的要求，而且是优化城市人居环境乃至推动高质量发展的要求。通过清理疏解中心城区低端物流园，全市腾出了宝贵的土地资源，不但可用于建设城市运行基础设施和公共服务设施，而且减少了进入中心城区的大型货车的数量，有效缓解了交通拥堵的压力。此外，由于一些物流园区位于生态环境保护的重点节点，如靠近河涌、绿道等，清理疏解工作扩展了城市的公共空间，丰富了市民的生态产品。

四、传统物流园区整治提升面临的挑战

总体上，全市各级各部门狠抓政策措施落实，大力推进中心城区物流园区整治提升取得显著成效。行百里者半九十，随着物流园区整治提升工作的不断推进，物流园区整治提升的困难和问题也越来越突出，需要全市各级各部门和广大干部给予高度重视。

一是交通和物流融合发展不平衡不充分。物流园区的规划建设未能及时跟上城市的快速发展，全市大部分物流园远离铁路、港口枢纽，95%物流货运站位于中心城区，与周边城市、成渝城市群、长三角城市群物流通道不足、多式联运体系不健全。

二是公路干线物流园的清理与新建未能形成有序衔接。广州作为千年商都和华南地区最大物资集散中心，公路干线物流园发挥了不可替代的重要作用。特别是白云区，凭借独特的地理区位、四通八达的高速公路网成为公路干线物流园的集聚地。近几年，随着不断的清理整治，白云区低端的公路干线物流园已基本上被清理或被纳入清理范围。而全市新建的外围物流园基本是以空港、铁路、海港为依托的园区，难以承接公路干线运输能力。

三是重大物流设施建设落地难。重大交通物流枢纽用地需求难以有效

满足，如在建的广州东部公铁联运枢纽（广州国际物流产业枢纽）为广州市规划建设的5个特大型物流枢纽之一，周边涉及基本农田220万平方米，存在综合开发建设用地难以落实的问题。周边配套基础设施、物流园区及产业基地建设难以同步实施，枢纽平台综合带动作用无从发挥。

四是清理整治成本高。物流园区租金在所在地村集体收入中占重要地位，村集体和村民普遍看重物流园区带来的稳定收入。在未进行合同清理前，部分村集体甚至与物流园区签过50年的合同，目的就是为了长期合作。同时，园区与入驻园区的企业之间往往也签订了超出本轮清理期限的合同。清理关停物流园区，短期内对村集体、村民、园区、企业等多个方面利益造成较大的损失，是清理整治工作中最大的阻力所在。

五是未来发展存在风险预期。广州物流园区清理整治工作中，部分土地腾退及园区整治后利用效率不高，产业衔接不畅，出现闲置现象。待清理的物流园区中，企业经营模式大多数比较传统和粗放，物流信息化、智能化水平普遍较低。企业普遍通过微信、QQ等社交媒体进行接单，经营基于熟人模式、圈子现象明显。部分企业主综合素质不是很高，多数企业主仍希望在周边寻找合适地块继续从事物流行业，企业脱离物流行业，存在转型不成功的潜在风险。

五、传统物流园区整治提升的对策建议

近年来，广州市围绕城市更新出台了有关传统物流园区整治提升的很多方案措施，经过各级各部门的不懈努力推动，也取得了很好的成效。但要看到，推进物流园区整治提升既是一场攻坚战，也是一场持久战。在中心城区低端物流园区整治提升已经取得阶段性成果的基础上，应着眼长远、提前谋划，精准回应工作推进中出现的突出问题以巩固工作成果、强化整治效能，保持整治提升工作的延续性和拓展性。

（一）基本方向

一是以人民利益为核心推进中心城区物流园区整治提升。城市治理的根本目的是提升人民群众获得感、幸福感、安全感。推进中心城区物流园转型工作，必须深入学习贯彻习近平总书记视察广东重要讲话和重要指示批示精神，认真践行“人民城市人民建，人民城市为人民”的重要理念，始终站稳人民立场，把人民宜居安居放在首位，把最好的资源留给人民。要坚持广大人民群众在城市建设和发展中的主体地位，推动治理手段、治理模式、治理理念创新，加快建设智慧城市，率先构建经济治理、社会治理、城市治理统筹推进和有机衔接的治理体系，以更大的力度、更实的措施平衡好中心城区物流园区整治中的经济效益与社会效益。

二是以优化城市功能为目标推进中心城区物流园区整治提升。广州是千年商都，良好的商业文化传承，先进的空港、海港、铁路枢纽，形成建设国际物流中心的强大优势。围绕这些基础设施去打造更加强大的物流功能，既是推进中心城区物流园区整治提升的前提，也是推进中心城区物流园区整治提升需要牢牢把握的目标。因此，推动中心城区物流园区整治提升要采取两手抓的办法，实行存量整治与增量开发并重，既要整治关停，又要新建公路干线物流园以满足物流需求。鉴于广州物流的辐射力仍然不够强，要大力推动陆路交通基础设施的规划和建设，着力增强陆路交通对周边省、市的辐射带动能力。增强科技赋能，大力发展“互联网+”和物联网技术，提升物流企业的智能化、信息化水平，实行仓储、分拨和配送的链条化管理，着力提高物流运输效率。围绕铁路、公路格局规划建设一批高水平物流园区，增强物流中心城市的功能。积极引进国内大型物流企业，集聚规模以上物流企业形成整体效应，完善物流园区配套，强化产业发展服务，为物流企业做大做优做强创造条件。

三是以提升城市品质为方向推进中心城区物流园区整治提升。习近平总书记强调“城市是现代化的重要载体，也是人口最密集、污染排放最集中的地方。建设人与自然和谐共生的现代化，必须把保护城市生态环境摆在更加突出的位置，科学合理规划城市的生产空间、生活空间、生态空间，处理好城市生产生活和生态环境保护的关系，既提高经济发展质量，又提高人民生活品质”。[①]从提升城市品质的视角看，推进中心城区物流园区整治，切忌为整治而整治，把整治当作终点，而是要把物流园区的整治提升当作一次提升城市品质的大好契机，当作一个新的起点，进一步完善规划，高标准规划建设好新的各类物流园区，营造更加便利的物流服务环境。要科学谋划好旧物流园区的土地利用，以适度超前的工作思路，高标准设计、高水平建设，营造更舒适的人居环境。把生态环保理念贯穿到物流园区整治工作的每个环节、每个角落，切实加强水污染防治，加强园林绿化，营造更优美的生态环境。

四是以改革创新为动力推进中心城区物流园区整治提升。推进中心城区物流园整治提升，在国内特大城市中属于开创性的举措，没有现成的做法经验可以借鉴。广州只有不断强化改革创新意识，充分发挥改革这个关键一招的作用，才能更好地闯出一条物流发展新路。为进一步提高货运效率，减少货运对中心城区的交通压力，可以考虑改变“重客轻货”的传统思路，积极探索扩展高速公路服务区概念，在高速公路附近建立物流园，并做好相应的连接公路等配套建设。加强调查研究，听取各方建议和诉求，切实提高整治提升的针对性，“一园一策”，科学制定整治提升的具体方案、步骤，确保物流园区整治工作的顺利推进。在于法有据的基础上，大胆探索，综合运用好国家赋予广州的自贸区建设、国际消费中心城市建设、城乡统筹发展改革试点等政策，切实解决好大型物流枢纽的规划建设问题。

五是以党建引领为抓手推进中心城区物流园区整治提升。调研发现，凡是党组织健全完善的地方，整治提升工作的推进就会更加顺利。一些先进的物流企业，比如京东物流等，也特别重视党建引领，注重发挥党员的先锋模范作用。因此，推进中心城区物流园区整治提升，要着力强化党建

① 方世南：《建设人与自然和谐共生的现代化》，《新华日报》2020年11月17日。

引领，充分发挥市城市更新工作领导小组在城市更新中九项重点工作的牵头作用，充分发挥“令行禁止、有呼必应”共建共治共享基层社会治理格局的执行效力，充分发挥各区、街（镇）以及有关企业党组织的带动作用。加强统筹协调，推进物流园区整治提升牵涉领域很多，特别是在新的物流园区规划建设、旧的物流园区土地利用方面，多部门联动更加有效，市有关部门之间，市、区之间要建立良好的沟通协调机制。有关部门要提升服务意识，了解园区、企业的诉求和思路，坚持换位思考、想企业所想，为物流园区和园区内企业提供各方面完善的服务，积极为园区和企业谋划好的出路，杜绝简单粗暴的工作方式，以良好服务展示党委政府的良好形象。

（二）具体对策

第一，提高腾退土地的利用效率，进一步强化物流园区整治提升的实际效果。按照物流园区整治提升三年行动计划，许多低端物流园区已经被如期清理疏解。但是，清理疏解之后腾出的土地利用效率却不尽如人意，未能与合适的产业有效衔接。有些腾退的土地仅用作临时停车场，甚至处于闲置状态，没有达到整治提升的预期目标。对此，需要解决两个方面的问题：一是对于那些没有提前确定未来用途的土地，需要尽快对接相关产业及相应的市场主体，避免清理疏解之后的土地资源浪费。特别是涉及农村集体的土地利用更要加快进度，以免因集体收益受损而影响更多物流园区的后续整治提升工作。二是对于已经确定用途和改造方向的腾退土地，需要设置工作专班开展实地调研，梳理出土地利用滞后的原因，加快推进项目落地。

第二，拓展物流中转的新兴载体，弥补物流园区整治提升带来的功能弱化。中心城区低端物流园区大都是原来的公路干线货运站场，清理疏解之后短期内可能出现功能的“真空”状态，造成所在区域经济社会发展的“断档”。一方面，清理疏解低端物流园区造成支撑整个行业的物流骨干节点一定程度上受损，物流运输距离的延长可能导致日常用品价格上涨，从而增加市民的生活成本。另一方面，清理疏解工作不仅对传统物流行业造成冲击，还会减少不少农村集体经济组织因出租土地和物业获得的集体收益，甚至衍生出连带性的基层社会治理问题。因此，正在异地建设的集聚性物流园区就是填补上述功能丧失的重要举措。但是，新建物流园区要么建设进度慢，无法完全适应清理疏解工作的进度和物流行业的高速发展，要么因为只能满足规模以上市场主体的要求，而无法普遍惠及大部分中等规模或小规模的市场主体。因此，在承接公路货运功能的重点区域，加快推进已投入建设的现代物流园区施工进度，吸纳被疏解物流园区的各类市场主体分批进驻。同时，引导条件适合的大中型物流企业向已经存在并列入长远发展规划的成熟现代物流园区转移。

第三，开展物流园区转型升级后的跟踪支持服务。尽管纳入转型升级范围的物流园区和经营主体比例并不高，但是仍然需要密切关注其生产经营状况，避免地区经济活力的衰减甚至丧失。从物流企业的角度看，转型主要有三种方向：一是仍然留在物流行业，但是转向冷链物流、应急物流等业态；二是脱离物流行业，转型为集聚性的专业市场，比如汽贸交易城、健康产业城等；三是利用原有土地建设商铺等物业出租，转型为纯粹的物业经营企业。在转型升级起步阶段，政府相关部门应密切跟踪转型企业的经营过程、安全生产、实际困难等，尽可能保证经济社会活动的延续性和稳定性。特别是对已经转型为受经济形势影响较大的物业经营企业，应给予更多的实质性支持。

第四，保障市场主体的基本利益，主动完善支持物流企业和商户的配套措施。在物流园区清理疏解过程中，要充分考虑物流经营企业和园区进驻商户的实际情况，分类考察不同市场主体的需求。对于租赁合同未到期的，协调园区经营方予以适当补偿；对于仍有继续从事物流行业意愿的，引导其进入符合规划要求的现代物流园区；对于转型至其他不同行业的，如物业经营行业，政府可以在税收减免、政策补助等方面给予更多的实质性支持。

第五，关注城区物流运输的终端，开启物流园区整治提升后的延伸性任务。中心城区不仅存在传统的低端物流园区，而且分布着大量零散的、小型的物流运输节点和物流配送终端。这些物流节点和配送终端恰恰是物流运输的“最后一公里”，与市民群众的日常工作生活息息相关。在中心城区的低端物流园整治提升的阶段性工作完成之后，应着眼于物流运输更加微观的领域和更加具体的环节。对市容市貌、市民出行影响较大的物流运输节点和配送终端，可采取部门联合的形式开展专项治理，并与电动自行车治理、老旧社区微改造等工作结合起来，形成合力。同时，可根据实际需要优化物流运输节点和配送终端的形式和布局。

第七章

广州对违法建设的治理

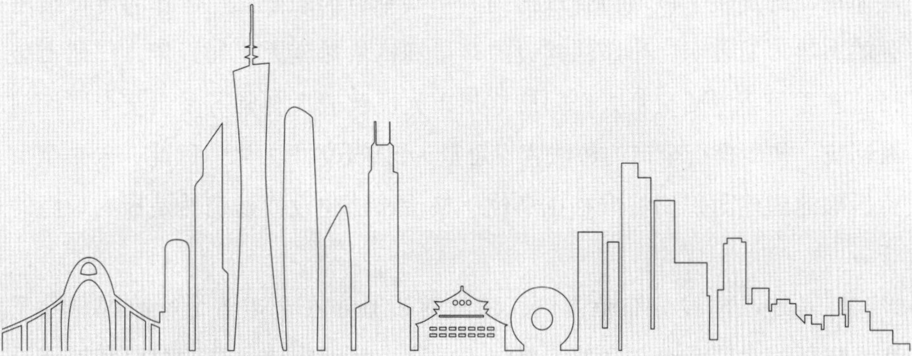

近年来违法建设问题日益突出，成为现代城市管理工作无法回避的顽疾。2015年12月召开的中央城市工作会议和2016年2月中共中央、国务院印发的《关于进一步加强城市规划建设管理工作的若干意见》明确要求，用5年左右时间，全面清查并处理建成区违法建设，坚决遏制新增违法建设。在这一背景下，违法建设治理工作已经全面提上城市各级政府的工作日程，成为加强城市管理工作的重要内容。广州作为千年商都和世界一线城市，人口聚集效应引发居住需求与土地房屋紧缺的矛盾加剧，城市违法建设日渐成为城市管理中的难题。

一、广州违法建设的现状及产生原因

伴随着经济社会发展和城市化进程加快，广州违法建设情况日益复杂，当前主要呈现出以下四个方面的特点。

一是存量违法建设面积大。近年来，广州市持续加大力度整治违法建设问题，拆除的违法建设面积不断提升。根据城市管理部门的统计，广州2018年拆除违法建设面积超3600万平方米，2019年拆除违法建设面积超4800万平方米，2020年拆除违法建设面积超5600万平方米。数量庞大的拆除面积，既反映了以城市管理部门为牵头单位的职能部门工作力度持续增强的态势，又表明广州违法建设的存量规模依然庞大。2017年，广州市城市管理委员会主要负责人在回应广州市人民代表大会常务委员会专题询问时回应：初步摸查全市的违法建设总量为2.966亿平方米。因此，未来全市待拆除的违建面积仍将维持在高位，整治违法建设问题仍然是极为艰巨的任务。

二是违法建设分布范围广。违法建设分布在全市各个行政区，除了在人居环境中广泛存在之外，村级工业园、河涌周边、高速公路和铁路沿线甚至风景名胜区范围等也存在不少违法建设，具体来说，违法建设的存在形式因地理位置差异而有所不同。番禺区、南沙区、增城区等外围城区及地处城乡接合部的白云区等地区，土地增值空间大，近年来各种违法自建、加建、抢建以及合资、带资违法建房等现象大量出现，而越秀区、荔湾区、海珠区等中心城区，违法建设较多集中在旧城改造如危房重建、历史违法建设及公益性扩张征收等问题上。

三是违法建设主体多样。农村居民、城市居民、农村集体经济组织、企事业单位等都有可能成为违法建设的主体。比如，农村居民主要涉及宅基地类违法建设，具体表现为擅自对原有宅基地房进行违法加建、扩建或拆除重建，甚至拆小建大，合并多个农民宅基地证，引入外来资金违法建设小产权房。又如，城市居民主要涉及小区类违法建设，具体表现为个人为寻求生活方便，实施搭建飘篷、占用公共通道等行为。再如，农村集体经济组织主要涉及出租谋利类违法建设，具体表现为建设未经规划审批的厂房、仓库、商铺等，此类违法建设涉及农民集体利益，查处时因遭遇农民集体阻挠而存在很大阻力。

四是城中村是违法建设的高发区域。广州在城市化高速发展过程中保留和形成了200多个城中村，城乡土地二元体制和大量外来人口的现实需求导致其屡现违法建设。在利益驱使下，农民会改扩建自己宅基地上的住宅用于出租牟利，农村集体经济组织或者违法建设厂房，或者直接将集体土地转租给他人开发违法建设。城中村违法建设影响城市市容景观、阻碍城市发展规划实施，制约了城市高质量发展。在近年来拆除的违法建设中，城中村违法建设占据了相当大的比重。更令人头疼的是，城中村部分违法建设施工隐蔽且建成速度快。以楼顶乱搭建，违法搭建雨棚、车棚等为主的社区违法建设一般7日之内就可以完成；以简易车棚、雨棚、仓库等为主的小规模乱搭建1—2日就可以完成。

广州市违法建设的产生，既受经济利益驱动，同时也与农村居民现实需求无法得到满足有关，还与现有基础设施不足的客观环境有关。具体来说，主要包括以下五个方面的原因。

一是经济利益驱动。有部分违法建设的产生是农村居民在征地之后为增加生活保障而主动选择的结果。在快速城市化进程中，因公共设施建设、引入商业项目进行大规模征收耕地、林地等集体土地资源，导致大量农民失地。失去赖以生存的土地或是依靠剩余耕地无法完全满足生计的农民为了增加额外的生活保障，生产方式开始从“种地”走向“种房子”。在政策环境不完善的情况下，城市近郊农村地区建设了大量自有房产用以出租并收取租金。随着城市规划管理不断走向规范化，这些自有房产成为违法建设。也有部分违法建设的产生是部分农村居民在征地之前为获得高额补偿而主动抢建的结果。由于现行的征地补偿政策主要依据建筑物的价值进行补偿，完全避开了对土地价值的考量，为了分享土地升值后的利益，部分失地农民想方设法增加土地上建筑物的价值，通过超出政策规定的面积、层数的方式，对宅基地上的建筑进行扩建，从而造成更多违法建设。

二是刚性需求使然。农村地区住房一般是通过农民自行建设住房来实现的，在远离城区、建筑用地相对宽裕的农村地区，农民家庭男性成年结婚一般都能申请到宅基地，自建房的审批相对比较简便。但是，随着城市不断向外扩张，近郊地区宅基地的空间越来越紧张，不少城市为了预留城市发展用地，对近郊农村地区宅基地建房政策加大了控制力度，有的城市甚至长期通过各种手段减少农村宅基地建房项目的审批通过，因此产生了严重的供需矛盾。广州市早在21世纪初就已经停止了农村宅基地审批程序，至今仍未有进展。农民在难以负担购买商品住房的情况下，为了解决子女成年后的住房问题而只能不断扩建，从而大大增加了违法建设规模。

三是经济社会发展形势影响。一方面，经济发展和产业结构催生了违法建设的增长。随着近年来广州市经济快速发展，第三产业产值占地区生产总值比重多年超过60%，对外来人口就业产生较大吸引力，外来务工人员数量不断增加，人口流入持续保持净增长，外来人口租房刚性需求大；同时，第二产业、第三产业的快速发展客观上需要大量简单而廉价的生产经营和生活居住场所，但同时广州房价和租金价格持续保持高位，违法建设正好迎合了这一客观市场需求。特别是经济发展带来了小型制造业和仓储物流业的兴旺，对厂房、商铺、仓库类物业的需求量大增，而正规厂房建设存在用地难、成本高、报建难等问题，导致城市郊区、农村地区私自建设厂房出租牟利的现象较为普遍。另一方面，基础设施配套不足导致违法建设层出不穷。居民社区、企事业单位等规划设计考虑不够长远，为了解决现实问题如停车难，不得不占用绿化用地改建停车位、搭建停车棚；有些还加建避雨走廊、观景平台等。

四是民间违法建设行为示范。一直以来，由于违法建设治理涉及面广、查处难度大，各级政府推进力度相对不足。在这种背景下，大量违法建设造成了负面社会效应。特别是以下三类违法建设容易造成不良社会影响，甚至形成不良示范。第一类，城中村居民改扩建，在改造规划落地前成片抢建现象大量存在；第二类，大型、超大型集体土地违法建设成片商铺、专业市场甚至大型城市综合体；第三类，别墅类富人住宅改扩建甚至推倒重建现象经常出现。此外，官方宣传引导存在偏差，政府层面对违法建设相关法律知识宣传不够，相当一部分群众对于什么是违法建设、违法建设会带来什么样的后果等认知模糊。而居民对违法建设的界定及其后果认识不足，则可能使其受违法建设示范行为影响并铤而走险。事实上，在事前宣传到位的情况下，相对规范的商品住宅小区居民小面积改建、搭建和城中村农民改扩建自有住房现象会得到一定程度的遏制。

五是违法建设治理长期滞后。在改革开放早期，以经济建设为中心的政策导向导致各级政府集中精力发展地方经济，对于城市化快速发展过程中形成的城中村关注不足。早期政策规范的缺失和政府放任行为，导致违法建设成为一种不被鼓励但也不会被查处的行为，从而因各类市场主体争相效仿而愈演愈烈。在大量历史遗留违法建设都已经通过销售、出租等形式进入到市场并处于使用状态的情况下，查处违法建设因涉及不同社会群体而触发不稳定因素。对于此类历史遗留问题，地方政府面临两难的局面：严格按照现行政策法规处置必然引起群众强烈反弹，甚至引发群体性事件；如果采取置之不理的态度，又有违公平公正的原则，甚至可能导致更多违法建设的产生。

二、广州违法建设治理的主要做法与成效

近年来，广州市按照中央关于治理违法建设要求及广东省委部署，高效推进违法建设专项治理，特别是加快推动还绿于民，这是广州市深入学习贯彻习近平生态文明思想、着力增强综合城市功能和人民群众获得感的有力举措。在持续开展违法建设治理攻坚战专项行动中，全市拆除违法建设工作掀起行动高潮，力度前所未有。统计数据显示，2018年全市拆除违法建设面积超3600万平方米，2019年全市拆除违法建设面积超4800万平方米，2020年全市拆除违法建设面积超5600万平方米。特别是重点违法建设拆除取得了显著成效，包括白云山红线范围、七大重点门岗及进山路径整治范围内违法建设基本拆除；中央巡视反馈的近760万平方米违法建设全部拆除完毕。

各级各部门齐抓共管，攻坚克难，逐步形成了“党建引领、制度治违、科技查违、专项拆违、全民控违”的违法建设治理体系，据不完全统计，仅2019年通过拆违释放用地及新建建筑面积就达到2000多万平方米，为城市发展和公共服务设施建设提供了空间，营造了良好的人居环境。

第一，坚持高位推动。中共广州市委、广州市人民政府高度重视违法建设治理工作，将打赢违法建设治理攻坚战作为践行“两个坚决维护”的具体行动并将其列入重点工作。同时，优化违法建设治理的组织架构。市政府成立广州市查控违法建设工作领导小组，进一步加大组织领导和协调推进力度。建立市委、市政府统一组织，各区委、区政府负总责，街（镇）、村（居）具体组织实施的违法建设治理工作机制，一级抓一级、层层抓落实。城管、国土规划、住建、公安、水务等部门也各司其职、密切配合，形成合力。在违法建设查处过程中，市城市管理和综合执法局落实部署，充分发挥统筹协调、检查督导作用，勇于担当、敢于碰硬、挂图作战、狠抓落实，各区委、区政府高度负责、奋勇当先，区街城管执法队伍攻坚克难，持续保持拆违高压态势，使违法建设治理工作得以迅速推

进，治理成效明显。

第二，坚持党建引领。注重以党建引领治违工作，特别结合“不忘初心，牢记使命”主题教育、党史学习教育活动等党内重大政治活动，持续探索发挥基层党组织战斗堡垒作用，发动党员以坚强的决心、坚定的态度、过硬的作风投入治违工作，为治违工作奠定坚实基础，探索出发挥党建引领拆除违法建设“硬骨头”的有效方法。比如，在拔除白云山18栋违法建设、荔湾区桥中二手厨具市场等违建“钉子”中，在拆违一线成立临时党支部，加强党的领导，积极调动基层党员干部积极性，组织党员干部深入细致做工作，一举啃下长期未能拆除的违法建设“硬骨头”。

第三，坚持制度治违。建章立制，完善违法建设治理的制度保障。2018年以来，中共广州市委、广州市人民政府制定印发《关于进一步加强违法建设治理工作的意见》《广州市违法建设治理三年行动方案（2018—2020年）》《广州市在建违法建设快速查处程序工作指引》等文件，按年度明确治理目标量化任务。此外，为加快推进全市违法建设治理，规范责任追究工作，还出台了《广州市违法建设治理责任追究工作办法》。通过上述规章制度的建立，明确治理工作要求，构建快速发现机制、快速拆除机制、“黑名单”机制、协同联动和行刑衔接机制，形成“源头发现、及时处理、违法严惩、后续预防”的违法建设治理一体化渠道，初步形成管用实用的“组合拳”。

第四，坚持规范治违。一是建立快速拆违机制，充分运用《广州市在建违法建设快速查处程序工作规程》，有效遏制新增违法建设。二是建立监督机制。坚持每周由市城市管理和综合执法局领导带队到各区检查督办，深入镇街和执法一线，及时解决疑点、难点问题，督促工作落实到位。三是建立约谈机制。制定印发《广州市城市管理和综合执法局执法监督约谈工作制度》，对查控不力、应拆未拆、拆后重建、拆除不彻底、进度指标未完成、弄虚作假等情况进行通报并列入督办事项，约谈相关负责人。四是建立问题机制。联合驻市城市管理和综合执法局纪检督察室，对个别区新增违法建设拆除不力的问题进行调查核实，依据《广州市违法建设治理责任追究工作办法》，严格责任追究，力促工作落实。

第五，坚持科技查违。一是构建违建治理“地网”，推动违法建设底数摸查工作，开发城管摸查手机客户端，录入违法建设摸查数据，完善违法建设治理大数据，并标定上图。二是构建违建治理“天网”。利用无人机对全市重点区域进行动态监控，对发现的新增违建冒头就打，新增违法建设得到有效遏制。三是构建闭环式违建治理信息网，敢于刀口向内，建立广州市违法建设治理监控平台，对违建治理案件办理实行全流程监控，对历史案件逐一进行补录，健全违建治理台账，为下一步工作打下坚实基础。

第六，坚持专项拆违。一是结合连片开发开展拆违专项行动。认真落实中共广州市委、广州市人民政府关于城市连片开发更新改造工作部署，主动与规划和自然资源、工信、商务、城市更新等部门对接，将拆违重点目标区域与更新改造区域比对融合，将城管部门上报的重点拆违区域标记为绿色，其他部门上报的连片开发、更新改造区域标记为黄色，重叠部分标记为红色，制作生成统一的连片拆除和城市连片开发更新改造有机结合图集，挂图作战，形成强大合力，以拆促改、以改带拆。2019年结合连片开发计划全市共拆除涉及违法建设面积1628万平方米，有效推进各连片开发项目落地。二是结合“还绿于民”工程开展白云山拆违大行动。2019年组织开展5次集中拆违大行动，基本拆除白云山红线范围、七大重点门岗及进山路径整治范围内违法建设，并将多宗长期未能拆除的违法建设“钉子”彻底拔除。三是推进铁路、高速沿线彩钢瓦房和违法建筑隐患专项整治。2019年，连续组织6次铁路沿线集中拆违大行动大整治，308处隐患已基本整治完毕，拆除和整治面积超60万平方米，有效提升了铁路安全运营系数；开展3次高速沿线集中拆除行动，拆除违法建设面积近11万平方米，其中位于黄埔区云埔街地段的广深高速路基外地块已复绿形成5万平方米的高速路边防护绿地，极大改善了沿途景观风貌。

第七，坚持高效治违。突出重点，提升违法建设治理的工作效率。一是市城管部门通过执法调研、实地调研和拆后管理调研，摸清摸透违法建设底数、症结、潜在风险隐患，推动违法建设治理工作有的放矢。二是对全市重点部位、重点区域，市城管部门建立拆违清单并进行“挂图作战”，按照既定目标、时间节点全力攻坚，以重点带动全局。三是强化检查通报，每半月刊发一期《广州市城市管理和综合执法简报（查控违法建设工作专刊）》，对各区违法建设治理情况和数据进行通报，督促各区直面违法建设治理难点痛点，反思不足、深挖根源、竞相发力，营造“你追我赶”的浓厚氛围。四是注重倾听群众意见，做到拆违不盲干、不硬来，例如对白云山红线范围、缓冲区、七个重要出入口及进山路径的违法建设进行全面摸查、逐宗甄别，分步分批拆除。

第八，坚持全民控违。主动策划，与省、市主流媒体合作，在各类媒介推出反映违法建设治理工作成效的系列深度文章和专栏特刊，及时在各大报纸、电视台、网站、微信等发布违法建设治理新闻。同时，特别注重投诉和舆情的处置，在治违工作按计划有序推进的同时，对因违建引发的信访、投诉和舆情问题，第一时间通过督办、转办等方式积极解决，化解矛盾纠纷，疏导网络舆情。对多年信访积案和信访难题，采取实地调研、领导包案等方式逐一推进处理。对查证属实的历史违建坚决拆除，营造了良好的社会和舆论氛围，既形成了违法建设“不敢为、不能违”的强烈震慑，消除违法建设行为人的侥幸心理，又形成违法建设“人人喊拆”的良好社会氛围。

三、广州违法建设治理面临的挑战

违法建设的种类和成因极为复杂，利益错综交织，只有找准违法建设产生的原因症结，才能真正建立违法建设治理的长效机制，才能彻底打赢推进违法建设治理攻坚战。当前，拆违治违工作中面临的主要挑战有以下六个方面。

（一）对违法建设的认定尚未建立科学合理的标准

各级地方政府部门界定违法建筑的主要法律依据是《中华人民共和国土地管理法》和《中华人民共和国城乡规划法》。通过对两部法律法规的比较可以发现，《中华人民共和国土地管理法》规定的违法建设是指，未办理用地许可证的违法建（构）筑物和其他设施，属于违法用地上的附着物。而《中华人民共和国城乡规划法》规定的违法建设是指，已办理建设用地许可手续，而未办理相关规划许可手续的建（构）筑物。两者的根本区别在于，该建（构）筑物的土地，是否已经办理建筑用地手续。违法建设的形式各异、成因多样，对违法建设的认定缺乏科学化标准体系，长期困扰着相关职能部门的立案工作和执法工作，更为关键的是导致难以真正完整确定违建底数，在执法中容易造成“选择性”执法的情况。

一方面，依照法律规定，有权对违法建设进行处理的行政部门，包括规划、建设、水务、电力、交通、城管、消防、铁路、环保、文物保护、市政工程管理等数十个之多。虽然广州市已成立综合行政执法机构，并出台相关条例及细则，一定程度上克服了“九龙治水”模式的弊端，但仍存在违法建设认定的主体不明确或交叉重叠、工作难协调等问题，影响了工作效率、质量及效果。另一方面，在处理的依据上，除《中华人民共和国城乡规划法》《中华人民共和国土地管理法》两部主要法律外，还有《中华人民共和国建筑法》《中华人民共和国环境保护法》《中华人民共和国电力法》《中华人民共和国消防法》等法律法规。它们从不同角度进行规制，执行中时常出现矛盾。而且这些法律法规是在不同发展阶段根据现实需要先后推出，通常不具有溯及既往的效力。这就给依据现行法律规定实施管理和执法增加了复杂性和难度。

（二）关于存量违法建设处置的配套政策出台相对滞后

由于对存量违法建设的分类处理办法及村民建房指引等相关配套政策迟迟未能出台，尤其是对涉及复杂的历史问题的违法建筑尚未形成符合实际的、可操作的分类处理办法，造成违法建设的治理未能做到疏堵结合，居民（原村民）建房问题无法疏导。一味靠堵（强拆严控），无法去疏（引导其合法报建），村民的抵触情绪大，阻挠抗法时有发生，甚至出现集体围堵政府机关的群体事件，造成基层一线执法队伍承受着巨大的治违压力。又如越秀区等老城区居民建筑天台防水和隔热违建问题，在一定程度上涉及民生，暂时尚未寻求到较好的处理办法。

（三）村民建房审批制度体系不健全

村民建房审批已停滞多年，不予审批是村民抢建的首要原因。尽管广州市一些行政区此前出台了部分相关政策，但是条件苛刻，不具有可操作性。因此，亟待进一步完善政策体系，加强用地建房政策研究，修订农村住宅规划建设指引，建立完善农村宅基地建设管理办法、农村建房工作指引、危旧房改造指引、老旧物业升级改造政策，引导群众合法建设房屋，引领城乡建设科学有序推进。

（四）职能部门职权履行未形成合力

规划、国土、水务、园林、市政、交通、监察等行政主管部门均有查处违法建筑的职能，但在实际工作过程中，违法建筑物往往由城管部门查处。事实上，违法建设的拆除单靠任何一个部门的力量远远不够，各部门的联动合作机制仍有改善空间，应尽快形成工作合力。然而国土、规划、住建、城管等职能部门在违法建设整治工作中受上位法的限制，增加了整治工作的难度。水、供电、供气等企业在接到城管执法部门要求对违法建设进行停电、停水、停气等协助措施时，也由于缺乏相应法律法规的支撑，不能采取相应措施。网格化巡察尚未联动，未能做到全覆盖，个别居民家居装修乱搭建问题被群众投诉后才发现处理。连片拆违大部分还是由城管单独完成，急需各部门的统筹推进，全面铺开。

（五）违法建设查处程序违法的问题较为突出

由于过去法治不健全以及受旧习惯影响，个别行政执法人员程序观念较为淡薄，处理违法建设工作简单粗糙，程序违法现象偏多。突出表现为强制拆除前没有书面做出强制执行决定，也未对行政相对人进行书面公告、催告并告知应拆除范围和享有陈述、申辩权以及给予合理的履行期限等。这实际侵犯了行政相对人的合法权利，使其依法应有的救济程序和措施得不到保障，容易引起不满和纠纷，也使执法机关自身陷于被动。此外，对行政相对人合法财产保护也不够重视。有的行政机关在对违法建设实施强制拆除过程中，未依法对行政相对人合法财产进行清点、登记造册；有的则拆除后才拍照录像；有的在行政相对人未到场的情况下，未对其财务代为临时保管和妥善处置。凡此种种，致使行政相对人合法财产受损，行政机关因此承担赔偿责任。

（六）新增违法建设以新形态出现

经过近年来全市强力的拆违治违控违，新增违法建设已得到有效遏制，大规模新增违法建设杜绝，但个别地区新增违法建设出现新情况、新特点，如小区天台、旧城区、村社、村民等借装修名义违法扩建、加建，有的偷建、抢建，有的在合法建筑内部改建扩建，因施工时间短、位置隐蔽、违法成本较低，增加了发现查控的难度，全面遏制新增违法建设任务依然艰巨。对于执法者来说，面对上述新增违法建设，违法成本和执法成本不对等，行政监管力量相对不足。在查处违建要求的程序严格、拆违经费的保障上明显不足的情况下，查违投入大、时间长，甚至出现暴力抗拆和大规模群体事件，增加了执法难度。

四、广州违法建设治理的对策建议

（一）基本方向

第一，坚持以人民为中心。对于违法建设治理，采取问题导向、形成高压态势是势在必行的举措，更需要“以人民为中心”，从政治建设角度审视大都市违法建设治理。当前，政府在政策上多用“拆违”“治违”“硬骨头”“顽疾”“毒瘤”“小散乱”等语涵盖违建，多从对立的角度看待违建。尤其是在2007年《中华人民共和国城乡规划法》出台之后，违法建设治理“法令交织”，清拆违法建设多动用“政府令”，将“控违”“拆违”“治违”混同，存在违建定义过泛、打击面过宽的问题。考虑到城管执法队伍面临前所未有的压力和涉嫌违法建设相关市民陷入集体焦虑，必须从正面积极的角度出发来治理违建，将分类处理工作做细做实，多做合法的决策，少做或适度做出拆除违法建设的判断，坚持以人民为中心治理违法建设。一是提高政治站位，政府主导形成共识：违建产生，多方有责；治理违建，各方担责。政府负责高位统筹治理违法建设的“计划、方案、进度”，落实“一把手负责制”，全市一套政策、一张图纸、一个声音。部门之间协同，综合运用行政、法规、经济、服务等多种手段，落实治理具体职责，形成治理违法建设的创新协同机制。引导社会支持，按照“洗楼”经验，一条条街面、一个个社区、一栋栋楼房检查和验收过关，将“轻违”（无关社会和他人的细小违建）处理权限交给社会，合规的就要肯定，不合规的予以整改和治理，并及时将违建治理的典型个案予以公开，形成“以案促案”“以案判案”的社会氛围。二是分类区别对待，出台政策法规标准。坚持用现代化手段查控新增违法建设，坚持问题导向，总结专项治理违法建设“重灾区”的既往成功经验。针对历史违建，出台分类处理的法规和细则，明确治理的目标、原则、主体、程序、方法，以及治理的时空节点，确保治理政策能够落地。针对违法建设附属设施设备，按照功能优先原则，出台相关楼顶、天台、立面、防盗窗、雨棚、空调外罩等治理标准，确保市民生活少受干扰。针对责任不清尤其政府也有责任的违法建设，清拆时该给补贴的要给予相应的补贴。针对准予保留使用的违法建设，可以探索采用罚没后委托管理的办法，实现社会化规范管理。针对无法拆除又无法完善手续的违法建设，要坚持准确、专业化定性，完善鉴证资料，列入涉嫌违法建设目录，留待未来条件成熟再予解决。三是连片开发治违，释放城市发展空间。坚持治理违法建设改善市民居住环境的价值导向，将拆除违建与城市更新改造、村级产业园升级、水源保护、河涌沿岸治理、铁路和高快速路沿线治理等结合起来，通过一体化开发利用消除违法建设。同时，切实加强拆后管理，短期内释放更多城市公共空间。加强拆违后市容环境的跟进管理，清拆违建和环境改善同步规划和建设管养，加大日常巡查和监管力度，防止出现拆后脏乱差和拆后复建、搭建以及其他形式的新违建，真正将治违成效惠及广大市民。

第二，对存量违法建设和新增违法建设分类处理，逐步消化历史遗留存量违法建设，坚决遏制新增违法建设。逐步消化历史遗留存量违法建设，首先且最重要的是，出台分类认定处置政策。结合土地管理、城乡规划等法律法规的实施时间节点，按照公共配套类、产业类、住宅类等类型，出台存量违法建设分类认定处置政策，逐步解决历史遗留问题。坚持综合施策消化存量，结合违法建设性质、年限、用途、区位等因素，分类处置。一是对存在重大安全隐患且无法整改消除，以及严重影响规划实施且无法改正等情形的违法建设，要依法坚决予以拆除。二是需部分拆除但影响建（构）筑物主体结构安全、需整体拆除但影响相邻建（构）筑物主体结构安全、现有拆除技术条件和地理环境无法实施拆除，以及拆除将损害无过错利害关系人的合法权益，或对公共利益造成重大损害等严重后果的，依法予以没收实物或违法收入。三是可采取整改措施消除对规划实施影响的，依法予以完善手续。对可整改的学校、医院等公共配套类历史遗留违法建设要予以优先处置，加快完善手续，推动提升公共配套服务水平。探索对符合规划实施、消防安全要求，不影响建筑结构安全和市容市貌的、民生需求类的微小加改扩建设出台处置政策，满足群众正当合法报建需求。其次，重点推进集中连片整治。各地要发挥城乡规划的引领作用和重大项目的统筹作用，重点结合“三旧”改造、土地整备、城中村改造工作，集中连片整治一批违法建设。创新工作方法，提升各方主体积极性，通过货币补偿、产权调换、利益统筹等方式，推进集中连片整治。此外，还要加大对违法建设治理宣传力度。各级各部门要树立宣传意识，充分发挥新闻舆论的导向作用，引导和发动广大群众自觉遵纪守法，支持和拥护控违工作，为查处违法建设营造良好的舆论氛围和法制环境。要加大法律法规的宣传力度，提高市民的法制意识和法制观念；要加大管控工作的宣传报道力度，充分利用广播、电视、网络、报刊等载体，对一些典型违法建设案例进行公开曝光，接受社会监督，跟踪督促整改。坚决遏制新增违法建设。一是构建部门联动机制。明确部门联动，构建起“反应快速、执法有序、运行高效”的违法建设执法体制，切实形成违法建设防控管理的强大合力。各有关部门和单位不得参与违法建设或者对违法建设知情不报，不得为违法建筑办理不动产登记，不得以违法建筑作为企业注册地或者生产、经营场所，不得为违法建筑供电、供水、供气等。二是坚决依法拆除新增违法建设。健全完善在建违法建设查处机制，为遏制新增违法建设提供政策支撑。要探索建立在建违法建设源头防控查处机制，提高现场处置效率，及时查处违法违规行为。对在建违法建设依法当场作出责令停止建设决定，依法清理施工队伍、施工设备、建筑材料及脚手架，依法采取断水、断电、断气措施。对责令停止建设后仍继续实施违法建设行为的，可依法采取拆除措施，确保将新增违法建设消除在萌芽状态。三是强化综合监管体系。进一步健全完善“天上看、地上查、群众报、视频探”四位一体的综合监管体系，切实加强源头防控。充分利用卫星遥感、无人机航拍和城市视频监控等技术手段，消除监管盲点。建立健全由城乡规划执法、自然资源、农业农村、交通运输、水利、生态环境、应急管理、林业等部门共同参与的巡查机制，充分发挥基层自治组织和物业服务企业作用，加大巡查力度，加强联防联动，切实落实网格化管理责任制。充分调动群众参与违法建设治理的积极性，统筹搭建违法建设举报受理平台，落实投诉举报案件处理责任制。

（二）具体对策

下一阶段，要不断推进违法建设治理体系和治理能力建设，特别是要突出抓好以下工作：一是认真开展监督检查。继续督促各区保持拆违工作力度，避免完成任务后产生的自满和松懈情绪。对各区拆违工作台账进行重点检查，对拆除不彻底、拆后清理不及时、拆违台账不完善等情况开展约谈提醒。二是保持专项整治力度不减。继续加大铁路沿线违法建（构）筑物专项整治力度，扎实开展高速公路沿线违法建设治理专项行动，以整治广深高速公路沿线违法建设为起点，全面摸查整治京珠高速、华南快速等广州市境内各高、快速路周边违法建设。同时，加快推进消防隐患、平安电网等专项违建治理行动，破除治理难点，使治违工作不断向纵深发展。三是切实加强拆后管理。加强拆违后市容环境的跟进管理，加大巡察和监管力度，防止出现拆除后脏乱差和拆后复建、搭建、其他形式的新违建。

第一，理顺不同部门职权分工配置。针对广州的实际情况，应着重解决各个部门对违法建设认定上“多龙治水”问题。鉴于实践中国土规划部门和工程建设部门是违法建设的主要认定主体，应根据违法建设主要违反哪一环节的规定进行职责划分。比如，若主要违反国土规划规定，则主要由国土规划部门进行认定；若主要违反建设安全规定，则主要由建设部门认定；其他相关部门，结合自身职能和案件实际情况相应配合。在对违法建设认定后，进入强制执行环节则交由城市管理综合执行机构行政执法，从而使整个案件查处过程更加专业、协调、高效。

第二，进一步完善违法建设治理制度。在《关于进一步加强违法建设治理工作的意见》《广州市违法建设治理三年行动方案（2018—2020

年）》《广州市在建违法建设快速查处程序工作指引》《广州市违法建设治理责任追究工作办法》等已出台文件的基础上，尽快出台违法建设分类处置办法，推进历史遗留违法建筑分类处置，允许符合规划、用地等相关标准的建筑补办手续，同时出台鼓励违法建设自拆的政策。

第三，建立立体化管理机制。一要持续不断地规范城乡规划管理，从源头遏止违法建设，实现违法建设治理关口前移。二要完善查控违法建设长效机制，坚决遏制新增违法建设，实现违法建设“零增长”。三要分类分步继续妥善推进存量违法建设治理，缩小存量要从实事求是出发，甄别对待，关注历史原因，如对产权不清的历史建筑应明确管养人，在处理上既要考虑建设年限、土地性质、使用用途等因素，又要处理好拆、改、留之间的关系，还需研究土地、规划等配套措施，明确分类处理的主体、程序和保障措施。四要坚持疏堵结合治理城市违建，争取求得“最大公约数”，以规范理顺为重点，例如对于手续不完备建筑物尤其是老旧建筑维修问题，应当充分考虑历史原因和现实情况，简化报建手续，建立居民不动产管理规范制度等。

第四，坚持治理违建与城市治理的其他专项工作同步推进。强化与市委、市政府其他重点工作的协同联动，把违法建设治理与城市连片开发更新改造、“三旧”改造和专业批发市场、物流园、村级工业园整治提升、黑臭水体治理、“散乱污”企业整治等重点工作结合起来，同步推进城市环境治理，形成共建共治共享社会治理格局。“拆除”只是最基本的一环，拆除后如何规划利用，如何防止新的违建产生，同样是各级党委、政府和相关部门工作的重中之重。要坚持治理违建与产业转型升级同步推进，把治理违建作为城市更新改造和村级工业园区转型升级的重要抓手，向治理违法建设要空间，打造新的经济增长点。此外，坚持治理违建与提高群众生活质量同步推进，例如白云区承担着广州市众多重点建设项目，流入外来人口多，村集体经济大多依赖物业出租，要避免一拆了之，更应对村集体经济出路加以指引。要统筹开展建筑垃圾处理、复绿、公共配套、综合开发等拆后管理，实现拆除一片、整治一片、建设一片、美化一片，让广大群众得到实惠。

第五，切实落实部门联动协作机制。对违法建设进行查处，不仅需要行政执法机关介入，而且需要公安、司法乃至纪检监察等机关相互有效配合。一方面，应针对一些信息相互沟通不够及时、准确的问题，加快建立多部门信息共享平台，对涉嫌违法用地、违法建设乃至职务犯罪等违法犯罪或违纪的线索和信息，及时相互传递和反馈。另一方面，针对违法建设案件大量增加、行政机关和法院压力沉重的情况，建立完备的行政调解工作机制。可以设立专门的调解委员会，邀请行政机关及相关专业人士参与调解。

第六，多维度提升执法水平。查处违法建设本身是一项要求高、专业性强、责任重的行政执法行为。要从人、财、物等方面配足配强违法建设执法队伍力量，实行全时段、全覆盖、不间断、不留死角的巡查，加强对重点领域、重点地段的监控，确保违法建设能在第一时间被发现和制止；充分借助遥感卫星、无人机监控等高科技手段为日常巡查提供技术保障，作为人工巡察的有力补充；建立现代化信息化违法建设管理平台；发动好社会监督的力量，设立违法建设举报信箱、举报电话和举报栏目，拓宽违法建设的信息收集渠道，对群众举报的线索要及时组织人员进行调查、核实、界定，对属于违法建设的坚决拆除；加强对执法人员的业务培训和交流合作。

第七，营造政民互动、良好治理的舆论氛围。一要注重以基层党建引领违法建设治理体系建设，把拆违与社会综合治理结合起来，做好利益群体的思想工作，打通基层治理“最后一公里”。二要建立常态化宣传机制。城管、建设、规划、国土、公安、宣传等相关部门及各城管执法大队、街道办、社区要结合实际，以群众喜闻乐见的形式开展《中华人民共和国土地管理法》《中华人民共和国城乡规划法》《中华人民共和国建筑法》等法律法规宣传活动，提高人民群众用地、建房基本知识。三要建立群众举报制度，村、社区、房产公司、物业公司和相关单位加强对村（居）、小区的违建管理等，把违建管控在苗头状态、初始阶段。四要做好违法建设治理的风险评估工作，防止境外组织或势力恶意炒作利用，尤其要防止网络炒作，解决好拆违和维稳的矛盾。

第八，强化党建引领作用。在众多的违法建设中，有相当比例是隶属于集体经济组织的。改革开放以来，为了搞活经济、招商引资，集体经济组织建设了大量的违法建筑。基层党组织是集体经济组织的领头羊和决策者，当前要坚决服从市委和上级党组织的决策，坚决执行市委治理违法建设的决定，遵守党的纪律，顾全大局，勇于舍弃自己局部的利益，把自己局部的利益统一到全市的全局利益上来。某些党员干部也或多或少存在违法建设的行为，这些党员干部要率先垂范，率先带头拆除自家的违法建筑，在治理行动中发挥先锋模范作用。同时，上级党组织要依法启动问责机制，对违法建设治理不力的党组织和抵制治理行动的党员干部进行问责。

第九，因地制宜完善地方性法规。《广州市违法建设查处条例》实施以来，为查违工作提供了重要指引和规范，但有一些需完善之处。一是应明确配合城市管理综合执法机关开展工作的各联合执法机关的具体职责，对多部门协作配合方式予以细化，以利于规范协调运作。二是鉴于广州市实施“镇改街”之后，街道办事处已承接镇政府职权，但我国法律没有像乡镇政府那样明确街道办事处查处违法建设的行政执法权，建议参照北京等地做法，在地方性立法中补充明确。三是对违法建设的具体处理，除规定罚款上下限之外，还应对查封扣押、没收退还的具体操作方式和程序做出规定，可考虑增设具体措施，以确保上位法规定的要求实际执行到位。

第八章

广州对黑臭水体的治理

党的十八大报告将生态文明建设纳入“五位一体”中国特色社会主义事业总体布局，要求“把生态文明建设放在突出地位，融入经济建设、政治建设、文化建设、社会建设各方面和全过程”。党的十九大报告将坚持人与自然和谐共生作为新时代坚持和发展中国特色社会主义的基本方略之一，将建设美丽中国，满足人民日益增长的优美生态环境需要作为全面建设社会主义现代化国家的重要目标，提出了加快生态文明体制改革，着力解决突出环境问题，如“加快水污染防治，实施流域环境和近岸海域综合治理”“构建政府为主导、企业为主体、社会组织和公众共同参与的环境治理体系”等总体部署与重大决议。党的十八大以来，广州市深入贯彻落实习近平生态文明思想，高位推动河长制、湖长制工作，把水环境治理作为重要政治任务和重大民生工程，把治水工作作为增强粤港澳大湾区区域发展核心引擎功能、实现老城市新活力、“四个出新出彩”的主攻方向，持续推进黑臭水体治理、污水厂建设、碧道建设、合流渠箱改造、排水单元达标、珠江堤防改造、海绵城市建设等工作，实现了城市水生态功能的系统性修复，人民群众的获得感、幸福感和安全感得到显著提升。特别是“十三五”以来，广州持续实施水污染防治行动计划，深入展开城市黑臭水体治理，努力打造清水绿岸、鱼翔浅底的城市景观，这是广州践行绿水青山就是金山银山、促进人水和谐、推动生态文明建设的重要实践。

一、广州黑臭水体治理的基本状况

水是生命之源、生产之要、生态之基。广州市地处我国华南珠江三角洲地区，下辖11个区，总面积为7434.4平方千米。2021年，常住人口约1881.06万，城镇化率达86.46%，是我国最具活力的超大城市之一。特殊的地理位置和自然的山水格局造就了广州“江、河、湖、海”丰富的水形态，水域面积为744平方千米，水面率约10%，全市河流（涌）数量为1368条，总长为5092千米。水之于广州，犹如血液之于生命，“因水而生，因水而兴，因水而荣，因水而发，因水而福”是广州形成、发展和繁荣的精彩写照。

长期以来，随着广州城市化工业化进程加快，工业、农业、生活排污总量加大，局部区域水污染物排放量超过水生态环境的承载能力，水生态环境安全压力不断增大，加之经济发展带来的一系列环境污染等问题不断积累，导致河涌黑臭水体的整治任务艰巨。2015年，国务院印发《水污染防治行动计划》，要求各地市加大城市黑臭水体治理力度，于2020年底前完成黑臭水体治理目标。经2015年排查和2018年国家黑臭水体专项督查反馈，广州全市列入黑臭水体整治计划的河涌共197条，其中有147条纳入国家城市黑臭水体整治监管平台。

黑臭水体不仅给群众带来了极差的感官体验，也是突出的水环境问题，直接影响群众生产生活。就广州城市发展而言，污染和内涝是黑臭水体形成的两大成因。一方面基础设施的规划和管控没有完全匹配城市化的迅速发展。尤其是建筑红线内（企事业单位、住宅小区等）排水设施管理存在真空、排水户（尤其是村级工业园、餐饮企业等）管理不到位、源头（如部分城中村、农村）厂网建设滞后、雨污分流不彻底、沿河违建直排现象突出等使污水大量产生。另一方面排水管理体系不完善加剧了污水的扩散性污染。由于原中心城区公共排水设施采用“市、区两级+雨、污分割”管理模式，造成排水设施系统性不强，管网维护管养不统一，加之截污方式不合理，大量外水进入管网，挤占管网空间，导致污水厂、网效能不高、雨季溢流、内涝现象突出。此外，在水体治理的管理层面，存在着部分河长履职不到位、污染源整治和违建拆除滞后、河湖划界责任不清晰、职能部门权责交叉难以协同等问题，使黑臭水体整治工作难以及时整治和深度推进。

因此，广州市近年来重整思路，高度重视治水工作，坚持“黑臭在水里，根源在岸上，关键在排口，核心在管网”的原则。特别是“十三五”以来，全面实施以数据赋能河长制为依托的治水计划，制定《广州市治水三年行动计划（2017—2019年）》《广州市城镇污水处理提质增效三年行动方案（2019—2021年）》《广州市全面剿灭黑臭水体作战方案（2018—2020年）》，以推排查、截污水、分山水、改排口、去空白、补“清水”（再生水）等一系列措施，系统开展了污水治理和河涌综合整治。2016年5月，广州市政府向各职能部门与各区政府下达了黑臭河涌治理任务书，要求2020年底前实现“长制久清”目标。整个“十三五”期间，全市水务建设投资完成618.57亿元，至2020年底，“十三五”规划提出的16项指标均已达到预设值。其中水环境治理投入421.6亿元，重点保障了河涌水环境综合治理、城市污水处理设施建设改造、配套管网建设等工作，全力推进污水应收尽收、达标排放，逐步恢复河涌自然生态基底。

在制度保障、责任落实、投入到位、协同强化、监管同步的多措并举下，广州黑臭水体整治成效突出。2020年底，全市纳入国家城市黑臭水体整治监管平台的147条黑臭水体已经如期全部实现消除黑臭，13个国省考断面水质全面达标，10个断面水质同比好转，顺利通过省住房和城乡建设厅、生态环境厅联合开展的黑臭水体治理专项排查，市内建成区黑臭水体消除比例达到100%，划定地表水环境功能区划的水体断面劣Ⅴ类比例为0，县级以上集中式饮用水水源水质达标率为100%，地表水优良水质断面比例达76.9%，超额完成年度目标任务的61.5%。广州因此荣获“国家黑臭水体治理示范城市”“国家节水型城市”“国家海绵城市建设示范城市”等称号，市河湖长制2018—2020年连续三年在全省考核中被评为优秀。2021年底，全市已累计建设人水和谐的美丽碧道778千米，其中海珠湿地碧道、增江碧道、蕉门河碧道被水利部作为“美丽河湖、幸福河湖”典型在全国宣传推广。2021年广州市社情民意研究中心民调显示，2020年市民对广州生态环境的满意度升至71%，较2016年上升28个百分点；2021年广州市统计局民调显示，在参调的“城市更新九项重点工作”中，认为“黑臭水体治理”成效很大（较大）的市民占比最高，达到86.2%；广州市人大关于治水的001号议案实施方案落实情况获市人大41名提案代表37票满意、2票基本满意，创下佳绩。在“十四五”规划中，治水工作将再上新台阶，到2025年广州市国控断面水质目标达到Ⅲ类水以上将提升至12个（2020年为6

个）；地表水优良（达到或者优于Ⅲ类）比例达到92.31%（暂以国控断面计算），同时将建设1360千米碧道。在广州市印发的《广州市河涌水系规划（2017—2035年）》中，划定1368条河涌的水系控制范围，将在注重综合治理上，用“绣花”功夫梳理城市“蓝绿灰”空间，融合河涌蓝线、绿线，开展滨水碧道建设，打造蓝绿融合空间，实行减污与降碳协同治理，在消除黑臭的基础上，有序推进猎德涌等河涌自然水位运行，利用污水厂尾水补充河涌生态基流，让阳光透进河床，逐步恢复河涌自然生态系统，实现有河有水、有鱼有草的人水和谐景象。

综上，广州的治水历程经历了迟滞到飞跃的突破性进展，梳理近年来广州黑臭水体治理经验，总结提炼岭南治水特色之道，在此基础上查找问题和不足，进一步健全和完善广州水环境治理的长效机制，对顺利完成“十四五”的规划目标，推动广州实现“四个出新出彩”，以及打造超大城市水环境治理的示范样本，为全国提供可借鉴的治水思路和有效方法，都具有重大的理论价值和现实意义。

二、黑臭水体治理的广州经验

（一）全面落实河长制，为治理黑臭水体提供制度保障

缘起于2007年无锡市为解决太湖严重水污染实施的河长制以治水成效显著以及责任到人的鲜明特点受到国家关注，2016年12月，中共中央下达文件认可这一制度创新并在全国范围内推行。2017年元旦，习近平总书记在新年贺词中发出“每条河流要有‘河长’了”的号令。2018年6月，据水利部统计，全国31个省、自治区、直辖市所有江河的河长都明确到位，且均成立了河长制办公室（以下简称“河长办”）承担日常工作，省、市、县、乡四级河长达到30多万名；还有29个省份把河长体系延伸到了村一

级，设立了村级河长76万名，[①]水环境治理形成了“百万河长齐抓共管”的局面。早在2014年，广州就在纳入南粤水更清行动计划的51条河涌尝试设立河长。2016年5月广州市政府印发《广州市河长制实施方案》，启动河长制工作。2017年、2018年，广州又根据中共中央办公厅、国务院办公厅印发的《关于全面推行河长制的意见》，分别在全省率先出台《广州市全面推行河长制实施方案》《广州市湖长制实施方案》。经过不断实践和创新，河长制工作已经构建了“12345”式的河长管理架构[②]，形成“河长领治、上下同治、部门联治、水陆共治”的良好工作格局，为广州打赢黑臭水体攻坚战提供了强大的制度保证与执行动力。

广州在执行河长制的过程中，经过不断完善，已初步形成了河长责任、发现问题、解决问题、监督考核、激励问责五大机制，有力促进了该制度的高效运作。一为河长责任机制。由市委书记担任市级第一总河长，市长担任市级总河长，向上延伸创新设置9大流域的市级河长，由市委常委及市四套班子成员担任，向下延伸设置了网格长，进一步压实河长责任。截至2020年5月，广州市有在册四级河长3030名，四级湖长828人，自然村段河长3296名，实现河湖长全覆盖，各级河长责任明确。二为发现问题机制。按照广州市第3号总河长令提出的网格化治水新理念，全市19660个标准基础网格中配齐了网格员、网格长，形成横向到边、纵向到底，全覆盖、无盲区的治水网络体系。网格员、村级河长主要履行“发现问题”职责，并通过手机客户端上报基础数据。在此基础上，市河长办统筹，根据存在问题和困难所涉及的层面，采用层级协调，工程督办协调、治水联席会议协调、市政府协调（每月治水治气会议）、市全面推行河长制工作领导小组协调（研究重大问题）等方式，使问题得到有效反馈落实。三为解决问题机制。根据网格员上报的问题，实施“河长吹哨、部门报到”的联动机制，按问题类型分别由水务、工信、生态环境、城管、农业、住建

① 《水利部宣布：全国已全面建立河长制》，https://www.sohu.com/a/241867398_651611.

② “12345”式的河长管理架构：以一个系统为中心，将两重保障（制度）、三种履职（要求）、四个管理（管理）、五级河长（架构）统合在一起的管理架构。

等部门牵头落实整改、解决存在问题。四为监督考核机制。市河长办建立了河长考核、责任追究、专项下沉督导、暗访、市民公众参与、人大社会监督、政府履职等一系列制度，强化对河长、部门履职的监督考核。五为激励问责机制。按照《广州市全面推行河长制湖长制工作考核办法》，每年对各区河湖长制工作进行考核，考核各区党委、政府的河湖管理保护责任，推进水污染防治、水环境治理、水资源保护、河湖水域岸线管理保护、水生态修复、执法监督等的工作落实情况。明确把治水考核结果作为领导干部综合考核评价的重要依据，治水得力的区、镇街级河长，可提拔重用并继续担任河长，对不合格河长及时调整。出台《广州市水环境治理责任追究工作意见》，对违建、散乱污、治水工程慢等问题整改不及时、重大项目推进不到位、治水效果不明显、攻坚克难项目抓落实不得力的，加大问责力度。（见图8-1）

在实践运作上，河长制主要呈现出两种逻辑。其一，这种在不同河段流域设立不同层级的河长治理模式，体现了内部体制压力传导下的目标

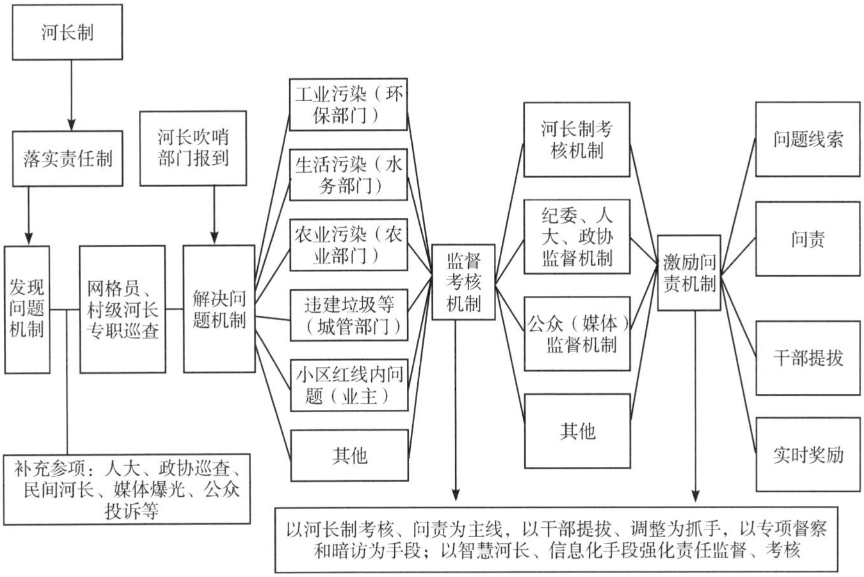

图8-1　河长制“五大机制”运作图

责任制运作逻辑。即上级确立行政目标并进行细化分解，将主要任务和具体责任明确打包给下级机构和主要负责人，实现了行政压力的传导。这种责任压力与以地方生产总值增长为目标的锦标赛式的带有激励特征的竞争压力不同，它以达标为主要目的，并更加注重以过程为导向，上级政府不仅为执行者设定了任务指标，而且也为执行者制定了明确的行动路线。如自2018年9月至2021年4月，广州市共出台了10个总河长令，有覆盖全市的整体部署，也有特定区域的精准施策，每一个总河长令都明确制定了具体目标、完成任务的时间节点以及实施步骤与措施，对履职不力与未能达成目标的河长进行问责追责并对积极完成任务的突出表现者给予履职肯定。（见表8-1）在原来3030名市—区—镇街—村居四级河长基础上，还专门出台河长2号令，根据河流跨区域合作协同需求创新增设了9大流域河长。根据河岸上的控污截源需求出台河长3号令，将治理任务具体细化到社区网格员，整体形成了总河长—流域河长—市级河长—区级河长—镇街级河长—村居级河长—网格长—网格员的责任链条。针对河长4号令的五年目标任务，再拆解出配套的专项任务作为河长9号令来具体落实。截至2021年10月，广州市对563名不正确履职或任务不达标的河长及相关人员进行了责任追究，此外，累计为表现突出的91名拟提拔或重用的河长出具了河长履职评价意见，提供给组织部门作为选拔任用参考。

表8-1　广州“河长令”内容概况

河长令	颁布时间	主要任务	目标时限
1号令	2018年9月	下达全面剿灭黑臭水体任务书	2019年底前，各区基本消除黑臭河涌；2020年，各区全面剿灭黑臭水体
2号令	2018年11月	创设“流域河长”，统筹协调跨区流域河涌消除黑臭	九大流域内197条黑臭河涌2018年底前基本消除黑臭；2019年6月底前完成“五清”[①]工作任务

① “五清”：清理非法排污口、清理水面漂浮物、清理底泥污染物、清理河湖障碍物、清理涉河湖违建。

续表

河长令	颁布时间	主要任务	目标时限
3号令	2019年3月	推行网格化治水，形成全覆盖、无盲区治水网络体系	各区在2019年3月30日前完善治水网格，配齐网格员、网格长并明确职责；确保2019年底前基本消除黑臭河涌，实现国考、省考断面水质达标；2020年全面剿灭黑臭水体
4号令	2019年9月	“排水单元达标”攻坚行动	利用5年左右时间，全面完成全市建成区1293平方千米排水单元达标建设任务；2024年底前，建成区雨污分流率达到90%以上
5号令 6号令	2020年1月	南沙区蕉门、增城区大墩国考断面达标攻坚行动	蕉门、大墩国考断面2020年稳定达到地表水Ⅱ类标准
7号令	2020年3月	白云区石井河口达标攻坚行动	石井河口省考断面2020年稳定达到Ⅴ类水标准
8号令	2020年4月	“拆违”攻坚行动	2020年6月底前，各区要制定涉水违法建设拆除方案并报市河长办备案；2020年7月底前完成黑臭小微水体销号任务，实现全市4389宗小微水体无黑臭；2020年12月底前，全面完成涉水违法建设拆除工作，全面清除12807宗涉水违建
9号令	2020年12月	“4号令”配套行动：“雨污分流”改造	在2023年底前，完成全市443条合流渠箱雨污分流改造工作，实施合流渠箱“开闸”行动
10号令	2021年4月	消除劣Ⅴ类一级支流攻坚行动	明确各区总河长是消除劣Ⅴ类一级支流攻坚行动第一责任人，各区政府是责任主体。确保2021年底前消除国、省考断面涉及的75条劣Ⅴ类一级支流

资料来源：根据广州市河长办提供资料整理。

其二，河长制的出台是基于弥补常规治理的失效，它通过体制内的主体动员进行资源整合并自上而下地展开行动响应，因此不可避免具有运动式、专项式的短期治理特色。“运动式治理”是指党和国家通过官僚组织进行意识形态宣传发动群众，进而整合社会资源完成国家各项治理任务，以及实现国家各种治理目的的途径。[①]通过（暂时）打断、叫停官僚体制中各就各位、按部就班的常规运作过程，代之以自上而下、政治动员的方式调动资源规定明确期限以完成某一特定任务，以弥补常规治理机制中的不足。[②]在层级权威控制下，执行者必须遵循“服从指挥”的原则，严格按照时间表和路线图有计划地开展工作，保证上级政府派发的行政任务在规定时间内完成。[③]广州自河长制实施以来，就成立了全面推行河长制工作领导小组，市委主要领导担任组长，成员包括纪委监委、组织、宣传、发改、农业、水务、环境、工信、城管等以及各区政府共计31个成员单位。在对各部门资源整合的统一调配下，河长办先后出台36项具体河长制工作制度、23项治水专项方案，发布10道总河长令，以军令状的形式，要求各级河长做到守河有责、护河担责、治河尽责。特别是针对源头污染，专门成立了污染防控突击检查队，对全市“散、乱”污染源开展突击检查。截至2021年底，突击队累计突击检查8190宗，发现涉嫌存在违法排污4833宗，发现问题线索16828条，全面展开“四洗”清源行动，根据“流域为体系、网格为单元，挂图作战、销号管理”的治水思路，依托市、区、镇（街）、村（居）、网格五级源头减污作战图，以一季度为一轮，采用“河长吹哨，部门报到”的形式，对“散、乱”污染源、临河违建、垃圾黑点三类污染源开展整治。截至2021年8月底，已拆除涉水违建约1511万平

---

① 唐皇凤：《常态社会与运动式治理——中国社会治安治理中的“严打”政策研究》，《开放时代》2007年第3期。

② 周雪光：《运动型治理机制：中国国家治理的制度逻辑再思考》，《开放时代》2012年第9期。

③ 李波、于水：《达标压力型体制：地方水环境河长制治理的运作逻辑研究》，《宁夏社会科学》2018年第2期。

方米；完成排查和整治“散乱污”场所约6.2万个；累计“洗楼”约172万余栋，“洗管”约2万千米，“洗井”约75万个，“洗河”4209条次；累计完成连片50亩①以上池塘养殖水治理面积20.4万亩。②可见，这种统一思想、明确目标、集中力量的运动式治理模式，在很大程度上消除了长期以来各部门职责不清、互相推诿的管理弊端，使行动效率和工作成效得到较大提升。

因此，河长制的推行在很大程度上打破了旧有的管理瓶颈，该制度具有强烈的问责导向，针对水环境危机下相关职能部门权责边界模糊、目标难以分工落实、责任难以明确到位等治理困境，最初从领导督办和环保问责制中衍生而出，经过不断实践发展，已形成以党政主要领导为责任核心，科层建制与属地原则相结合的任务承包制。在实践上，河长制具有打破常规局限、集中资源针对性解决问题、高效的执行性动员、明确的行动指向等优势，在现代治理背景下，它不仅是一种特殊时段下的行政治理手段，是基于国家治理资源匮乏的理性选择，更重要的是，通过河长制带动，广州市探索出一条将新时代生态文明建设与现代政府公共管理职能紧密结合的有效路径。

（二）大数据助力水环境治理

近年来，广州市全力改善城市水环境、水生态、水安全，进一步提升城市品质和城市美誉度，把治水工作与信息技术等先发优势结合起来，创新探索“互联网+”治水模式，实现了从数字水务到智慧水务的转变。特别是为充分发挥河长制作用，巩固城市黑臭水体治理成效，防止返黑返臭，广州市利用大数据技术，充分挖掘河长制数据价值，建立河湖问题风险预警模型，形成了一套靠前预防、标本兼治的河湖管治长效机制，同时，坚

① 1亩约666.7平方米。

② 《广州：奋力谱写岭南人水和谐新华章——纪念广州全面推行河长制5周年》，http://www.mwr.gov.cn/ztpd/gzzt/hzz/jcsj/202111/t20211130_1553288.html.

持问题导向，积极推行差异化河湖巡查制度，有力推动了河湖长制的高质量发展。一是打造风险预警模型，为基层河长减负增效。基层河长作为落实河湖治理“最后一公里”的关键角色，对河长制的治理效能尤为重要。河长身为一方行政长官，既要面对烦琐的日常公务，还要兼顾巡河履职的要求。2019—2020年，村级河长月均巡河15.2天次，镇级河长月均巡河7.3天次，其中黑臭河湖巡查频次5倍于一般河湖，巡河负担较大。然而，在如此密集的巡河频次下，河长履职效率却比较低下，河湖问题上报率仅0.05个/天次，黑臭河湖5倍巡查频次下，单条河湖平均上报问题数量也仅比一般河湖稍高。在河湖治理重重指标考核压力下，基层河长巡河履职主要依赖自上而下的机械推动，形式主义履职的隐患逐渐显现——发现问题避重就轻，河湖返黑返臭风险极高。在当前治水形势下，解决基层减负与履职增效的矛盾成为维持河长制长期有效最迫切的需求。2021年初，广州市创新探索出一套基于河湖大数据的河湖风险预警模型并以此推出差异化河湖巡查制度，精准回应了基层河长减负增效的需求。二是坚持问题导向，积极推行差异化河湖巡查制度。为推动河湖问题风险预警模型落地生效，实现河长履职减负增效的目标，广州市以制度配套为技术赋权，全国首推以问题和结果为导向的差异化河湖巡查制度，颠覆了传统模式中“普适性、一刀切”的巡河规则，以河湖问题风险预警结果为依托，结合河湖监测数据、舆情数据，每月对全市河湖进行“红、橙、黄”三色预警，按照预警等级调整河长各条责任河湖（河段）的巡查频次，从而引导河长、湖长关注水质反弹风险较高的河湖、发现并推动解决重大问题，同时为责任河湖水质优良的河长、湖长减负。各级河长通过“广州河长”APP中“我的履职”功能即可实时了解责任河湖预警情况并掌握履职任务清单，实现了“清单化”履职、“傻瓜式”履职，切实落实了“准预警、易操作、实履职、高效能”，应用至上的价值导向。制度的推出，夯实了预警模型技术的落地应用场景，极大调动了河长履职能动性，受到基层河长的一致好评。2021年实施差异化河湖巡查以来，基层河长巡查次数减少24%，其中因河湖水质优良而被减免巡河的河长占42%；巡河频次虽减，河湖问题上报数量却保持持平，重大问题占比反而提升了7%，基层减负与履职的提质增效达成双赢。预警信息通过手机客户端点对点快速传递，信息的对称打破了传统河湖问题治理上热下冷的困境，使基层工作人员更加明晰水环境治理的目标与愿景，参与业务协同链条的主观能动性被充分调动起来，治理效能自然事半功倍。[①]

（三）以网格化治理推进治水常态化

黑臭水体治理“污染在水里，源头在岸上”，虽然利用大数据排查预警大大提升了发现疑似“散乱污”的工作效率，但城市黑臭水体的治理“点多线长面广”，若是仅仅以工程治理的单项思维就水治水，很容易出现反弹且导致维稳压力与治理成本增加。一方面，为了短期利益，一些小作坊、小企业出现整顿停业后又恢复生产的现象。这些小作坊、小企业将废污水直排河涌，影响污水处理厂运行。另一方面，部分河涌违法建设侵占河道管理范围问题仍然存在，巡河通道未完全打通，尤其是历史遗留及部分有产权的建筑清拆难，影响截污管网铺设。而此类“散乱污”问题往往与城市更新、产业升级、出租屋消防安全、外来人口管理等工作密不可分。因此，治水与基层社会治理具有高度相关性和同源性，二者手段相辅相成，互利互补。以网格单元为基础是面对复杂多元的治理需求应运而生的社会治理模式，它强调责任、服务、共享、协调等，具有权责明确、信息畅通、灵活高效、精细化服务管理等特征和优势。网格员在基层治理这一“神经末梢”中将承担起疏通、传导、应急等功能，使基层治理发挥减压阀作用。将治水纳入网格单元中，标志着广州市的治水工作已经迈向纵深化与常态化，充分体现了广州将水环境整治与产业转型升级、社会治理等结合起来实施“源头治理、系统治理、整体治理”的全局性部署和长远

① 杜娟：《厉害了！广州用大数据助力河湖治理》，https://baijiahao.baidu.com/s?id=1721929809691863551&wfr=spider&for=pc.

的城市治理思路。

其一，制定全覆盖的网格体系，畅通了治理的责任链条。全市在一张标准网格中设置了网格长和网格员，明确网格长的组织、指导、监督网格员履职以及协调上报问题、推动整改等职责，解决了在河涌治理中政令不畅和难以深入发现污染源的问题。为使网格员更好地履职，广州先后印发相关文件对全市11个区的网格员及相关工作人员组织开展工作培训，并进一步明确了各级人员的治理职责及考核办法。通过明确责任和业务培训，使网格员具备基本履职能力，及时发现并初步判断问题，在河长统一指挥部署下，敦促属地各部门重视问题，使得横向到边、纵向到底的治理责任得到全面压实。

其二，通过制定网格员发现、上报问题的机制，倒逼部门联动挂图作战，提升解决问题的效率。网格划分界限分明，网格员发现问题及时上报，网格长协调督促，能向上倒逼职能部门重视回应问题。它突破了源头信息采集难、基层安全隐患发现难、部门协同作战难、基层办事效率低等困境。例如网格员在现场发现问题采集信息后通过“广州河长”APP上报，可实现将问题迅速交办到水务、工信、生态环境、城管、农业、住建等部门。根据基层网格员上报的问题，再结合实施的“河长吹哨，部门报到”的机制，能有效依托全市已基本建立起的市、区（县）相关城市管理、执法、监督、作业、服务等部门共同参与的网格化基层治理体系，找出污染症结及时根治。

将治水纳入网格化，一方面，网格员在日常工作中将治水与其他社会治理基本事项结合起来，有利于发现“散乱污”、消防安全隐患等顽固隐蔽问题，共同攻克治理难题，达到“标本兼治”、一举两得的良效。例如网格员基于对网格内人口、房屋的熟悉了解，能掌握“散乱污”企业的生产动态，对于排放不达标、污染水环境的企业可立刻协调相关执法部门予以关闭封停，倒逼企业进行产业升级，达到社会治理与治水良好效果；此外，通过网格员对网格内的房屋进行动态监控，实时了解房屋内生产状况，既有保障消防安全等社会治理的作用，又能有效防止“散乱污”、涉嫌违建、垃圾黑点等地方在整治之后死灰复燃，实现治水中对污染源头的长效治理。另一方面，有利于了解民情舆情，取得民众支持。在基层工作中，网格员经常深入住户，与当地居民接触联系机会多，对周围住户情况较为熟悉，可以从中了解民情、收集民意，不仅有助于发现问题，也能发现热心能干的志愿者，促使群众参与到河涌与环境治理的监督防范工作中，有利于营造民众爱水护水的氛围，增进居民守护家园的责任感、参与感与荣誉感。例如荔湾区有的当地群众热心向网格员提供排污线索，在配合网格员工作中成为“民间志愿者”，参与到巡河护河、垃圾分类等环境治理工作中。再者，网格员在当地群众中宣传环保理念和政府决策，将工作中遇到的典型案例现身说法等，可及时解释、回应公众关心的热点问题，承担起上情下达、畅通民意的桥梁，使治水工作得到居民的理解与支持，避免问题积累与矛盾激化。例如一些社区的网格员与志愿者、社工长期保持信任合作，在截污纳管、垃圾分类舆论宣传中取得居民的支持，有效推进了进程。

广州下一阶段治水任务将从“打赢黑臭水体攻坚战”过渡到建立巩固“长治久清”长效机制、水体日常维护与整个生态环境的修复上来。在今后的工作中，围绕不断整治达标的河涌路线，碧道建设将是一个不断扩大延伸的长期工程。而基层社会治理的任务也会随着各种“散乱污”“脏乱差”现象的消除发展到营造干净整洁、平安有序的体现广州宜居城市品质的行动上来。这意味着网格单元中，需要根据自身特色发掘优势，将绿色、生态、休闲娱乐、生活便利等方面充分考虑进来，使社区网格成为和谐宜居城市的有机组成细胞。因此，“全要素”引入网格是基层社会治理迈向智能化、综合一体化的创新发展趋势，网格化的综合治理，为整体提升社区环境与居民生活品质提供了可运作的平台。

（四）发挥社会力量形成公众参与治水新局面

黑臭水体的治理与人居环境整治、城市网管基础设施改造等事项密切相关，与周边居民的生活环境休戚相关，是关系民生质量的重大议题，为此，广州注重激发市民亲水护水的历史情结和责任感，开创全民参与、齐抓共管的共治局面。

一是加强宣传引导，营造全民参与的氛围。在市河长办的倡议下，相关职能部门和社会团体积极开展爱水护水志愿活动，掀起爱水护水热潮。据市河长办2021年统计，全市活跃的民间河长有11262名，为了更好地发挥民间河长护河作用，市河长办每年举办市民间河长论坛，组织召开全市民间（企业）河长座谈会，支持鼓励民间（企业）河长积极履职，促进各级责任河长与民间河长加强联系沟通；市团委联合各社会组织深入社区、学校开展“节水护水爱水、你我齐参与”公益治水科普宣讲活动，在治水宣传中引导群众了解广州治水工作的持续性、重要性、必要性，呼吁广大市民和中小学生参与节水护水。仅2021年，全市共开展河长制宣传活动近1400场次，发放、张贴倡议书、宣传海报约38.5万份，编发区级河长制专刊341份、镇街级简报约2.5万份，投放公益宣传广告4775次，河长制工作被各级媒体宣传报道1918次，全市构建起广覆盖、多维度、全方位、立体化大宣传格局。

二是重视媒体监督，发挥公众舆论沟通反馈作用。一方面，充分利用《羊城论坛》《有事好商量》《民声热线》等政论类节目曝光问题并组织讨论，畅通市民与政府部门的沟通渠道。例如《南方都市报》《新快报》等报刊及时曝光群众反映的河涌黑臭等问题，依靠群众提供的线索深挖问题根源，倒逼职能部门提高工作效率。同时，政府通过定期检查评比，在媒体上报道治理成效和优秀河长，并倡议市民积极监督反馈，赢得了社会的理解支持。另一方面，通过在基层聘请民间河长，发挥群众力量，配合职能部门开展水环境保护日常宣讲、河道巡查、问题上报等宣传维护工作，积极推进“民间河长”志愿服务队常态化，创建了民间河长志愿者与河长的对话机制，使问题及时得到跟进反馈。例如荔湾区与中小学合作，选出全国首批民间小河长26名；荔湾区驷马涌在广州市新生活环保促进会（以下简称“新促会”）的帮助下成立了“乐行驷马涌”队伍，队伍志愿者坚持巡查走访、记录污染细节。天河区车陂涌的女子凤船队，既是民间的龙舟队，又担当了护河巡逻队，发现污染及时上报。市民积极参与不仅增强了家园守护意识，提升了河涌治理成效，而且对后续开展垃圾分类、社区综合环境整治等工作增强了认同感，提高了响应速度，有效推动了构建基层共建共治共享治理格局的进程。

三、广州黑臭水体治理的典型案例

（一）大朗村：党建引领破解拆违难题

白云区大朗村境内一条名为环滘河的河涌穿村而过，环滘河全长为4.25千米，南北两端分别连接白云湖、流溪河，沿线分布有唐阁村、大朗村。环滘河在大朗村内的长度为2.28千米，因此大朗村也是治理环滘河的主力军之一。在环滘河还未得到治理之前，河涌两岸建筑物十分密集，巡河通道没有打通，居民楼沿线排污情况严重；此外，环滘河两岸较多工厂排污不规范，环滘河与其他河涌交汇的闸口设置了阻拦垃圾的阻拦索，导致河面垃圾容易漂浮聚集，河水水质堪忧，长期以来该河涌的黑臭情况令周围的居民都十分不满。为了解决环滘河的黑臭问题，2018年始，白云湖街将环滘河纳入黑臭河涌整治“拔钉行动”的目标集中治理。环滘河的整治主要分为两大工作：一是对大朗城中村全部实施雨污分流，雨水系统和污水系统全部分开，确保没有任何污水进入到环滘河中；二是打通巡河通道，使环滘河全长4.25千米实现全涌流水互动循环。

在打通巡河通道、雨污分流工程建设的过程中，大朗村遇到了拆迁拆违的现实挑战。以白云湖征地拆迁为例，由于对补偿的期望过高，不少被征地拆迁的居民要求较高的补偿费用，但污水治理和河涌整治工程是公益性质工程，只能按照政策规定标准进行征拆补偿，因此被拆迁户对补偿的期望与现实有一定差距，很难达成共识。同时，大朗村还出现了违法抢建抢种现象。居民们知道村内即将征地，为获得更多的拆迁补偿款，争相在征地范围内将之前所种的菜苗换成树苗。此类盲目跟风行为，严重阻碍了拆迁工程进度，从而影响了环滘河整治的进程。此外，由于环滘河两岸的6米红线内也有居民楼分布，巡河通道受到阻碍，因此如何说服居民让出通道，也是一个亟须解决的难题。

为了顺利打通巡河通道和推进拆迁拆违的进程，大朗村因地制宜，采取了一系列措施，最大的动力和优势来自以党建引领推动各项政策落实，成功打赢了环滘河的黑臭水体治理攻坚战。

1. 主要做法

一是以领导班子为核心带领全体党员响应拆违治水。在具体的拆迁过程中，大朗村通过重新组织上层领导结构，进行村内党组织革新，完善了村内党建体系，从根本上提高了村内党建工作和党建引领的水平，在治水这一环节上充分发挥了基层党建工作者的特色优势。整个领导班子一起行动，给居民做思想工作。领导班子通过描述河涌整治后的美好蓝图和规划，如河涌的水质将得到巨大改善，河涌附近将修建休闲公园让群众休憩等，增强居民们对打通巡河通道的理解和认同。在全新的领导班子的带领下，整体党员带头形成积极效应，使大朗村得以顺利而高效地开展环滘河的整治工作，并取得了一系列显著的成果。

其一，党委和党员发挥了以点带面的示范作用。在打通巡河通道的工作上，一方面党委的身份让宣传更具说服力；另一方面，党委老干部在群众心中有良好的印象，居民的接受度较高。因此，在党委和领导干部带头示范下，大朗村的党员们从自家房屋开始拆起，将触及红线内的房屋部分或围墙拆除，楼宇变成了骑楼式，保证了内部通道。随后，党员们发动亲戚朋友，使拆违形成规模效应。其二，党员突击队发挥了攻坚克难的关键作用。大朗村的党员突击队前称为“青年义教队”，成员大部分为青年党员、大学生党员，观念新、理念新，知识体系相对完善，思路开阔，办事处事公道，承担了大朗村治理多项重大且艰难的任务，也在环滘河的整治上发挥着攻坚克难的重要作用。例如在拆违时，党员突击队遵守规范划定红线，严格按照6米的标准执行拆违，不偏袒不纵容，耐心向群众普法说理解释劝导，认真执行规章制度，让拆违工作得以顺利推广到沿河每一户。值得一提的是，在因不符合国家规定没有获得补偿款的前提下，河涌两侧50米的违建主体基本都在两个月内顺利拆除完毕。

党的政治领导力和组织力是党建引领的基础。一方面，大朗村党组织通过强化政治领导能力，为基层社会治理提供坚强领导，发挥了党建引领的政治优势破解治水难题。基层党组织带动，党员突击队发动，在解决重大难题上发挥了不可替代的作用。另一方面，注重深入一线开展工作，取得群众支持。群众凝聚力是政党建设执政能力的保障。大朗村党组织采用了“柔性管理”劝说倡导方式，贯彻党的群众路线，把党的正确理论和主张变成符合群众利益的自觉行动，争取群众对拆违工作的理解，激发其参与水环境治理的积极性，使绝大多数村民都能够根据要求拆违。同时，大朗村党组织关注和维护群众的合法权益，在拆违时公平公正按照标准进行，在群众中树立了治理权威，促进大朗村治水工作的开展。党员的先锋模范作用是党建引领的保证。党员是党的肌体细胞，是党组织最基本的力量，在拆违的过程中，党员率先拆违的带头作用，形成了村内拆违、治水的良好风气，也进一步带动了后续城中村改造的相关工作。

二是推行联络员制度确保信息畅通。在施工中，为了村党委和施工队之间能够及时沟通和联络，村内专设了协调联络员负责信息传递，保证两者之间的信息畅通。施工队要在哪里选址开挖、哪里选址回填、进展如何、遇到什么问题需要上级协调等情况都会及时告知联络员，联络员则把收集到的信息梳理后反馈至村党委，再由分管的村党委会在每周的例会上讨论并通报处理，联络员的信息跟踪反馈不仅使领导班子全面掌握工程进展状况，也使问题的协调解决更加有效。在巡河上，村内不仅在河涌周围都设置监控摄像头，能够实时监控河涌情况，还安排两名专职的巡河队员作为联络员，与村河长、河段长共同负责不同片区的巡河工作。专职巡河联络员在巡河过程中，如果发现问题，会及时汇报给村支书，再由村支书通过微信群，将问题下发给专人处理。

联络员制度提高了信息上达效率，极大程度避免了决策上的信息失灵。通过联络员直接将施工现场的信息传递给领导层，利用信息化手段，完善了问题上报—流转—处理—反馈流程，减少了信息上达的层级数量，也降低了信息的复杂程度，使得信息流转的总体效率提高。同时，联络员制度也在一定程度上起到了工程监督作用，有效预防施工队怠惰、偷工减料等情况的发生，避免工程中的“延长战”，让施工对居民的影响降至最小。

三是借助全市截污纳管、雨污分流工程建设的“东风”，协同推进村内基础建设工程。大朗村在截污纳管工程上重视项目工程协同推动取得良好成效。在配合开展市级截污纳管工程中，村委领导班子决议上下联动，将全村的截污纳管工程和市里截污纳管工程同步推进，借助市里的“东风”——市河长办的指导、出资统筹等，将村内工程与市级工程同步开展。例如在中国建筑第七工程局有限公司的帮助下，重整村内路面，加快村内拆违进度等，而这些工程仅依靠村内部的力量是远不足够的。在一系列的工程推进中，村里施工路段不仅能够全路面修复，河涌两岸拆违和消防通道也顺利完成，此外，村内交通指引、停车场秩序也更加规范化，大朗村的村容村貌发生了巨大改变，居民生活环境更为整洁有序。

2. *经验启示*

自2018年治理至今，环滘河已经实现不黑不臭，水质的各项指标保持达标要求。截至2020年底黑臭水体治理任务完成时，白云湖街共清理水面漂浮物约12000平方米，清理河涌底泥污染物约8000立方米；清理河湖障碍物20处，面积约18000平方米；清理涉河违法建筑物122处，面积约54000平方米。环滘河涌以前难闻的气味彻底消失，水质清澈见底，河道两旁建有朱红色防护栏、绿化植物和健身设施，一米多宽的人行道沿河岸一直延伸，是人们散步休闲的好去处。

在治水拆违行动中，党建引领是大朗村治水的最大优势和最显著特色。大朗村以提升政党组织力为发力点，对基层的党组织进行革新，不断优化基层党组织与社会的关系，以党建引领有力推进环滘河治理工作的顺利完成，成果显著，这对于治水工作和其他事项的推动都有着积极意义。因此，大朗村党委作为基层党组织一方面联结了上级政权的力量，形成执行中的协同合力；另一方面完全置身于基层社会，与社会紧密结合，重视舆论民情和居民长远利益，合理制定规划，通过上下联动和示范带动使党建引领有效助推治理目标的实现，为基层治理提供了鲜活的实践样本。

（二）新促会：激活民间力量推进社会共治

党的十九大报告提出，要构建政府为主导、企业为主体、社会组织和公众共同参与的环境治理体系。2020年3月，中共中央办公厅、国务院办公厅印发《关于构建现代环境治理体系的指导意见》（以下简称《意见》）。《意见》明确，环境治理体系建设的基本原则之一为坚持多方共治，明晰政府、企业、公众等各类主体权责，畅通参与渠道，形成全社会共同推进环境治理的良好格局。在政府主导的基础上引入社会组织力量，形成多元主体的协同治理模式，已成为治水行动转向的必由之路。治水领域的工作正体现着“共治共享”的发展趋势。在广州亮眼的治水成绩单中，“开门治水”的理念发挥着关键作用，作为多元治理主体之一的社会组织功不可没。新促会就在这其中扮演着重要角色。

1. 主要做法

作为专业的环保组织，新促会深耕水环境治理第一线，机构所开展的活动都基于河流以及水源的保育。自广州市河长制推行以来，新促会协助打破原有的政府单一主体主导的河流治理局面，开展了众多关于水资源保护的项目与活动，如教育项目“河流笔记”、公众参与项目“社区民间河长”、研究河流治理和流域保护的“清浚计划”、水源地调研和保护的“珠水长清项目”等。其中，最为突出的为培育民间河长的行动计划以及在河流水质和污染防治上深度参与的“清浚计划”。

一是“民间河长计划”推动构建全民治水格局。2017年7月，广州市河长办公开招募民间河长，引导公众参与和监督河长制工作。由于前期新促会已在培育护河小队上积累了经验，故受邀承担公众参与的协助工作，共同推进民间河长项目建设。在此过程中，新促会通过资源链接、专业培训等方式有效地培育了巡河志愿队伍，推动社区水环境治理。自项目开展以来，新促会共组建培育社区民间河长队伍20多支、大学生民间河长队伍10多支、民间小河长队伍近10支。其中，较为突出的有“乐行驷马涌”队伍与车陂涌队伍。

驷马涌坐落于彩虹街内，作为广州第一涌，其承载着广州丰厚的历史文化，水质状况与周边环境一直备受街坊关注。20世纪80年代以来，随着城市化与工业化的迅速发展，驷马涌的水质及周围环境日益恶化，严重影响了社区居民的正常生活，居民有着强烈的促进驷马涌环境改善的愿望和需求。2013年5月，在新促会成员的组织下，“乐行驷马涌”队伍正式成立。2015年，一场大雨过后，驷马涌一夜变红，以新促会为沟通中介，“乐行驷马涌”队伍借助媒体渠道发声，向有关部门积极反映情况，推动了事件的解决，之后更主动关注并深入参与本社区水环境治理的各类行动。自成立以来，不论严寒酷热，“乐行驷马涌”队伍都风雨无阻地坚持巡河，同时也不断扩大范围走巡了车陂涌、海珠涌、荔枝湾涌、东濠涌等10多条河涌，组织环保宣传、居民调查问卷，绘制了驷马涌河长地图和污染源图等一批治水资料。该队伍还多次向职能部门和媒体反映情况，提交建议，向社会发送巡涌相关微博，多次与社会组织及志愿者交流分享，带动和促进了治水的公众参与，并与市四级河长及居民建立了良好关系，使环境治理更具成效。新促会通过发展“乐行驷马涌”这一志愿者队伍，发掘、组织和动员本土资源去推动治河进程，不仅成功推动当地居民关注河流，而且也不断增进民众对河长制工作的了解和支持。

2017年，广州市政府常务会议提出要按时完成35条黑臭河涌的整治，到2020年底基本消除黑臭。在这份黑臭河流名单中，车陂涌位列榜首，但其截污管道铺设的工程，却在还剩最后的300米时因遭村民们反对而难以继续推进。民众的反对声音主要集中于房屋建筑安全、噪声扰民与周边生意恐受影响等问题上。为解决矛盾，新促会成员通过参与座谈会、与河长共同巡河、现场考察情况、在报纸专栏上发表评论性文章等形式进行介入。新促会经过走访调研，充分了解以及传达不同利益主体的考量，积极寻找事件解决突破口，为相关部门与民众连接沟通渠道，促进双方了解互信，在推动车陂涌治水工程进度上发挥了重要作用。此外，新促会通过挖掘本土传统资源，策划相关龙舟活动，使当地民众意识到高质量的龙舟庆祝体验与治水工作开展的相关性，加上彼时政府投入巨额的资金治理黑臭水体，居民巡涌护涌热情高涨。在取得车陂村委会的大力支持下，车陂涌龙舟文化促进会应运而生，该协会成立的第一要事，便是改善水质。在“一水同舟，守望相助”的号召下，各种治水小分队在社区如雨后春笋般生长起来，车陂涌逐渐重现生机。车陂涌龙舟文化促进会将社区环境改善和民俗文化保育结合起来，举办一系列龙舟文化活动，如建起全国首个社区龙舟文化展馆、举办历时超过半年的国际龙舟文化节等。2017年，“车陂村扒龙舟”还成功申报为广州市第六批非物质文化遗产代表性项目。2019年，该协会的公益项目获第四届广州市社会创新榜“最佳社会共融项目”。传统龙舟文化保育的系列行动，营造了居民对社区生态环保共建共治共享的公益氛围，真正达成新促会倡导的“让社区水更清，人更善，景更美”的美好愿景。

二是实施“清浚计划”助力黑臭水体治理。为贯彻落实《国务院关于印发水污染防治行动计划的通知》和《广东省人民政府关于印发广东省水污染防治行动计划实施方案》，广州市结合“南粤水更清”行动计划实施情况及广州市实际，以流溪河水环境保护为重点，突出广佛跨界河流及建成区黑臭水体的综合整治，编制了《广州市水污染防治行动计划实施方案》。该方案确定的广州市水污染防治主要指标为：到2017年底，全市城市建成区基本消除黑臭水体。新促会抓住这一政策窗口期，于2016年11月成立“清浚计划”项目组，以荔湾区三条不同背景的黑臭河流——地铁A涌、驷马涌、沙基涌作为试验点，通过实地调研等方式，从民间环保组织的角度进行河流治理调研。“清浚计划”项目在组织专家和志愿者进行科学调研的基础上，积极寻求相关治水环保企业的支持，进行治水技术和河流治理的综合研究，并向治水相关部门提供研究所得的各类治水建议，产出申请信息公开集、访谈汇编、水质检测数据库、排水口数据库等研究材料，并通过多场研讨会，探讨黑臭水体治理的更多可能性。

2. 经验启示

上述两个计划的成功开展对打造共建共治共享的水环境治理格局进行了多元探索，形成了激活社会力量参与治水的有效经验。

其一，通过组织丰富而具有本土特色的项目激发民众参与热情，开创广泛参与渠道。新促会启动的项目类型丰富，参与群体范围广。基于不断完善专业服务以及形成品牌项目是一个组织知名度、影响力提升的关键这一理念，一直以来，新促会定位明确，始终坚定其推动城市生态环境治理、让羊城再现碧水蓝天的使命，在水环境议题上开展了诸多尝试，探索丰富的活动项目来拓宽参与渠道，扩大群体参与的覆盖面。如针对河长制开展了“民间河长计划”；针对儿童环保教育设计开发了“小小水探长湿地体验营”；针对珠江水资源保护问题联合其他三家环保组织共同发起的“珠江水联合行动”、保护广州江河的“江河卫士”项目、研究河流治理的“清浚计划”项目等。这些项目运行至今，历经了立项、调研、实践、推广等阶段，已日渐体系化制度化。通过这些成熟项目的持续开展，新促会服务的专业化程度不断提升，在广州市水环境治理中发挥着独特作用。

其二，注重挖掘社区资源，因地制宜有针对性地发动当地居民参与。作为本土组织，新促会在水环境领域取得不俗成绩的关键在于其最大限度地发动当地社区居民参与。长期以来，新促会积极与各个社会主体进行联动，从社会基本单元——社区入手，推动社区居民对周边环境和附近河涌治理加强重视。在取得社会群众信任方面，新促会巧妙利用居民志愿者、龙舟文化等社会资源嵌入社区宣传，让居民走入治水一线，深切理解河涌治理的现实困难和长期性，推动水环境治理理念深入人心。不论是在驷马涌红河事件中，还是在车陂涌“进不去的300米”难题突破中，新促会都积极联系多方，充分挖掘社区资源，将工作进展从被动的社会动员转换到主动的公众参与上来，提高社区居民参与的主动性与积极性。同时，通过培训让志愿者掌握水质检测方法，调动志愿者巡河热情，在给予志愿者实操机会的同时，鼓励其提交建议、参与官方决策过程，这些活动不仅增强了志愿者巡涌的乐趣和体验感，也使其亲身感知到水质的状况，更加提高其作为现代公民的社会责任感。这成为新促会动员民众的一大特色，也是广州全市推动公众参与治水的破局之策。尤其是在立足当地讲好巡河治水故事方面，新促会更挖掘出参与每一条河流治理背后的深层意义，形成了众多典型案例推广，让每次活动不止于治水本身，更在于培育居民参与公共事务的责任心与主动性。

其三，发挥志愿团队倡导优势，持续性地深度参与治水进程。新促会前身是广州志愿者因亚运治水运动而自发组建成立的“广州青年志愿者环保总队”，该队通过“公众暨环保志愿者交流座谈会”跟政府部门有了第一次正式接触后并获广州市副市长亲授队旗。经过多年实践，团队最终转型成关注和促进河流治理的环保组织，并于2013年正式注册，成为市级环保社团。同年新促会通过开展“河去河从”项目，发动群众巡河，及时曝光问题，主动与相关部门展开互动，也使越来越多的人了解到河涌变化并采取行动，该项目获广东省环境保护宣传教育中心授予年度“广东环保公益突出贡献奖”。随着河长制的推行，广州市构建起四级河长体系，以“共建、共治、共享”理念，推行“开门治水、人人参与”，广泛发动社会力量形成合力。在这样的政策背景下，新促会利用自身专业优势，主动发挥社会组织政策倡导功能，深度参与广州治水进程。2010—2020年，新促会着力于培养广州社区民间河长和对黑臭水体治理的调查研究，多次介入水环境治理相关事件，并借助媒介渠道曝光问题、撰写专栏文章表达诉求、利用自身专业特性形成研究报告，等等，共提交河流保护和黑臭水体治理相关意见建议54次，供60多个职能部门作为决策参考。其中，涉及水源规划的报告10次、关于饮用水源地的调研报告5次、关于治水方面的报告19次，回应意见征询30次，促成座谈会9次，促成整改3次，与广州市市级、区级河长办合作座谈会和联合行动45次。

总体而言，作为环境保护领域的社会组织，新促会并没有广泛涉足极富包容性的环保议题的方方面面，而是将其精力聚焦在水环境问题上，以环保的宣传者、践行者姿态，秉持“倡导社区环保实践，让城市与河流共荣”理念，长期关注广州河流污染和河涌治理。在广州不断形成“河长领治、上下同治、部门联治、全民群治、水陆共治”的治理体系下，作为连接公众与政府的桥梁，新促会承担着民众参与水环境治理的组织者角色。作为本土社会组织，新促会深入每个社区，直接与居民进行接触，举办丰富治水活动，让参与者不仅仅参与治水进程，更为其提供一个接受技能培训、学习河流调研、公众参与治理的平台。通过社区宣传、巡河调研、保护水源等行动，新促会持续推动河流保护研究与科普，深入发动河流治理的公众参与，积极协助政府部门，促进了广州及周边城市的水环境治理。

四、广州“长治久清”的思路与建议

当下，广州已成功打赢黑臭水体攻坚战，水环境治理成效显著。然而黑臭水体治理是一项涉及面广、关联度高、技术性强、投资大的系统工程，后期河道养护责任主体多，养护难度高。尤其是作为特大城市，广州承载人口多、产业量大，易出现水质反弹风险。要形成稳定的水质，巩固水体的治理成果，还存在以下有待解决和完善的问题。

首先，治水的长效机制尚未形成。当下，依托河长制的黑臭水体治理并未脱离出“运动式”治理思维。这种层层发包责任制将责任层层传导转移，依靠行政命令、“发包任务”的手段来推动工作，在短期效果显著，但治理成本较高，不利于水环境治理的常态化、长效化。其次，水环境质量仍不高。虽然广州城市黑臭水体治理已达到国家考核要求，但对照城市高质量发展及人民群众日益增长的水环境质量需求，仍需持续改善和维护。主要存在基于工业企业的碎片化反复出现的“散乱污”治理仍需加大力度、城乡结合面的源污染治理需加快推进、合流制区域雨季溢流污染亟须加快治理等问题。再次，治水规划前瞻性、融合性不强。总体而言，治水仍停留在保护水资源层面，城市更新改造、城市综合治理等工作把治水工作纳入统筹规划建设的考量还不足。其一是供水水源和水厂布局仍有优化空间，建设的水厂和污水处理厂仅仅满足当前需要，满足不了城市长远发展，农村生活污水处理设施建设管理仍有待加强；其二是南部地区防洪潮工程体系尚未完善，北部中小河流防洪能力不足；其三是供水排水等城市基础设施有欠缺。体现在广州市旧城区排水体制以合流制为主，全市雨污分流率不高；建成区管网破损较多，部分地区污水收集处理能效低；源头清污分流、排水单元达标尚未全面完成。

随着社会的发展，人民对城市有了更多的期待，城市不仅仅是工作、居住的场所，在未来的发展中更应该成为绿色、人文与智慧相融合的现代宜居宜业空间。因此，下一阶段广州应充分利用现有的水资源优势，高站位、高标准谋划和探索今后可持续发展的治水模式，大力促进治水、治产、治城的“三治”融合，不断提高城市发展的可持续性和生态宜居性，以在高质量发展中打造“四个出新出彩”，实现广州“老城市新活力”。

（一）将水环境融合城市特色风貌，打造城市自然生态景观

按照习近平总书记“让城市融入大自然，让居民望得见山、看得见水、记得住乡愁”的重要指示精神，全面提升沿岸公共空间、交通网络、服务设施建设发展水平，创造多元包容、和谐宜居的城市公共空间，引领城市高品质生活。一方面，加强沿岸基础设施建设，完善水电气管线网络，构建“蓄、滞、截、排、挡”多层次立体式防洪排涝体系，提升防御暴雨能力，打造防洪排涝韧性城市。继续推进珠江沿岸工业仓储用地改造为公共场所，注重人文关怀，完善便民服务、应急医疗、文体游憩、标识导引、夜间照明、无障碍等服务设施体系，为市民提供舒适、开放、贯通的滨水空间。高标准规划建设广州碧道，打造“水清岸绿、鱼翔浅底、水草丰美、白鹭成群”的岭南水乡风貌，成为广州亮丽的名片。另一方面，

以全要素发展为思路，依托广州“山、水、林、田、湖、海”自然禀赋，彰显沿江、滨海特色风貌，在珠江沿线公共开敞空间、广州塔、白云山顶等设置城市眺望点、城市阳台，与重要的地标之间建立景观视廊，营造起伏有序的珠江景观带天际线。充分利用珠江景观资源，继续重点打造精品珠江“三个十公里”，实现主城区珠江两岸60千米滨江漫步道、骑行道、无障碍通道三类通道全线贯通。

（二）重视发掘历史底蕴，突显珠江文化独特人文魅力

历史文化是城市的灵魂。在做好“水”文章的同时，也要像爱惜自己的生命一样保护好城市历史文化遗产。广州有着两千多年临水而居、临水建城的悠久历史，应全面梳理沿岸历史文化遗存，在着眼打造世界级滨江文化景观带的同时，加强沙面历史文化街区、长堤大马路骑楼界面、芳村和后航道两岸工业遗产集中区等传统风貌保护。重视滨江历史文化遗产保护利用，深入发掘十三行、南海神庙、黄埔古港等海上丝绸之路文化遗存当代价值，展现千年商都时代魅力。此外，不断创新活化利用滨江历史遗存的综合价值，推广永庆坊改造经验，推进海珠南一长堤、高第街、沙湾古镇、黄埔古村古港、长洲岛等历史文化片区品质提升。做强国际龙舟邀请赛、广府庙会、波罗诞千年庙会等特色文化节庆品牌，提升珠江形象品牌的国际传播力和文化影响力。

（三）保育修复滨江生态本底，持久打赢“碧水”保卫战

水环境治理应遵循山水林田湖生命共同体自然规律，形成整体保护、系统修复的生态保护修复格局。应建设以重要自然资源分布区域为主体、水系与廊道为纽带、重点生态公园为节点、通山达海的生态空间网络；推进湿地品质提升，严控河道蓝线，提高生态岸线比例，增加滨水生态空间规模；推进岛屿生态休闲开发，实现“城、水、岛”和谐共生；提升滨水

绿色空间品质，围绕四季景观变化配置植物，构建特色鲜明、布局均衡、连续贯通的滨江绿色生态网络；提升前航道建成区公园绿地品质，增加后航道、西航道沿岸地区绿色生态规模，以历史建筑、堤岸、桥梁为重点，打造特色立体绿化景观；高标准巩固生态堤岸，发挥绿地、水系等海绵体的吸纳蓄渗、净化缓释作用，建设高密度海绵城市。

（四）更新发展理念构建科学完善的治水体系

全面落实创新、协调、绿色、开放、共享五大发展理念，以“安全、生态、智慧”作为 “十四五”时期开展可持续治水主旋律，树立全周期、全要素的管理意识，构建科学完善的水环境治理体系，争取在全国率先形成高质量发展的水务监管体系，进而使治水软实力不断增强，有效防范、应对、化解水安全风险能力显著提升；健全最严格水资源管理制度，强化节水标准定额体系与节水评价机制，积极推进再生水回用、高效节水灌溉项目，加强工业节水、农业节水和生活节水，建设节水型社会；进一步摸清污染源底数，加强污涝同治，全面攻坚“排水单元达标”，继续加快污水收集处理设施建设及提质增效，提高城市污水收集处理效能和防洪（潮）能力；完善和推进“一河一策”，实现水污染防治攻坚战阶段性目标，使水生态环境质量得到标志性改善，绿色生态水网、平安生态水系基本建成，农村水安全工程和人居环境持续改善，让广州的河流成为造福人民的幸福河，让城市成为人民美好生活的有力依托。

第九章

广州对“散乱污”场所的综合治理

“散乱污”场所治理既是深入贯彻习近平总书记生态文明思想、积极践行“绿水青山就是金山银山”理念以及坚决打赢污染防治攻坚战的重要举措，亦是促进广州产业结构和能源结构优化调整、提升城市形象和产业综合发展水平以及改善环境质量的重要抓手。所谓“散乱污”场所，一般是指规模小、分布散、管理乱、污染重的企业或空间，一直以来都是城市治理中难啃的“硬骨头”。如何推动“散乱污”场所标本兼治，是广州城市更新一直在思考的重要议题。“散乱污”场所治理，本质上是寻找污染源头并进行综合治理，从而减少污染物质，提升生态环境质量、升级产业结构、优化城市功能品质，助力城市高质量发展。

一、“散乱污”场所综合治理相关政策规定

（一）广州“散乱污”场所治理政策发展历程

1. 国家层面相关政策规定

国家层面关于“散乱污”场所的治理政策，主要集中在生态环境领域，旨在通过“散乱污”企业的治理，减少大气污染、水环境污染，打好污染防治攻坚战。

2018年6月16日，《中共中央 国务院关于全面加强生态环境保护 坚决打好污染防治攻坚战的意见》颁布，明确提出：“全面整治‘散乱污’企业及集群，实行拉网式排查和清单式、台账式、网格化管理，分类实施关停取缔、整合搬迁、整改提升等措施，京津冀及周边区域2018年年底前完成，其他重点区域2019年年底前完成。”

2018年6月27日，国务院印发《打赢蓝天保卫战三年行动计划》，在第二部分“调整优化产业结构，推进产业绿色发展”中明确提出“强化‘散乱污’企业综合整治”。具体包括：全面开展“散乱污”企业及集群

综合整治行动。根据产业政策、产业布局规划，以及土地、环保、质量、安全、能耗等要求，制定“散乱污”企业及集群整治标准。实行拉网式排查，建立管理台账。按照“先停后治”的原则，实施分类处置（见表9-1）。建立“散乱污”企业动态管理机制，坚决杜绝“散乱污”企业项目建设和已取缔的“散乱污”企业异地转移、死灰复燃。

表9-1 国家“散乱污”企业分类处置标准

类别名称	处置标准
关停取缔类	基本做到“两断三清”（切断工业用水、用电，清除原料、产品、生产设备）
整合搬迁类	要按照产业发展规模化、现代化的原则，搬迁至工业园区并实施升级改造
升级改造类	树立行业标杆，实施清洁生产技术改造，全面提升污染治理水平

2018年7月，工业和信息化部印发《坚决打好工业和通信业污染防治攻坚战三年行动计划》，提出“强化‘散乱污’企业综合整治”，“开展‘散乱污’工业企业排查和分类”，“支持列入整改提升的工业企业实施升级改造”。

2. 广东省相关政策规定

2018年8月，广东省人民政府印发《广东省“散乱污”工业企业（场所）综合整治工作方案》，对“散乱污”整治范围、工作任务、时间安排等进行了详细规定，为省内各地市开展“散乱污”场所综合整治提供了具体指导。其中，该方案对“散乱污”工业企业（场所）进行了界定：“散”是指不符合当地产业布局等相关规划的工业企业（场所），没有按要求进驻工业园区的规模以下工业企业（场所）；“乱”是指不符合国家或省产业政策的工业企业，应办而未办理规划、土地、环保、工商、质量、安全、能耗等相关审批或登记手续的工业企业，违法存在于居民集中区的工业企业、工业摊点、工业小作坊；“污”是指依法应安装污染治理设施而未安装或污染治理设施不完备的工业企业，不能实现稳定达标排放的工业企业。

此外，该方案还提出，各地要按照“先停后治、疏堵结合、扶治并举”的原则，实施分类处置，做到“关停要坚决、搬迁有去处、整改有标准”。（见表9-2）

表9-2　广东省“散乱污”场所分类处置标准

类别名称	处置标准
关停取缔一批	对不符合国家或省产业政策、依法应办理而未办理相关审批或登记手续、违法排污严重的工业企业（场所），达到法律规定应停产、停业、关闭情节的，坚决依法进行查处。列入关停取缔类的，基本做到“两断三清”
整合搬迁一批	对达不到法律规定应停产、停业、关闭情节，符合国家和省产业政策，但不符合本地区产业布局规划，或者没有按要求进驻工业园区的规模以下且长期污染环境的工业企业（场所），要加强排污监管，并由县级以上人民政府组织进行综合评估，评估认为经整合可以达到相关管理要求的，要按照产业发展规模化、现代化的原则，依法限期整合搬迁进驻工业园区并实施升级改造，并依法办理审批或登记等手续
升级改造一批	对达不到法律规定应停产、停业、关闭情节且未列入整合搬迁计划，符合国家和省产业政策，符合本地区产业布局规划，依法可以补办相关审批或登记手续的工业企业（场所），要加强排污监管，依法限期进行整改，并按照程序补办相关审批或登记手续，纳入日常监管范围

3. 广州市相关政策规定

2018年10月，根据《广州市人民政府办公厅关于印发广州市水污染防治强化方案的通知》《广州市人民政府办公厅关于印发广州市全面剿灭黑臭水体作战方案（2018—2020年）的通知》的要求，广州市人民政府办公厅印发了《广州市强化“散乱污”场所清理整治行动方案》（以下简称《方案》）。《方案》明确提出：“按照‘源头治理、全面推进、分类处置、分步实施、智慧监管’的工作思路，运用用水用电大数据手段，强化水污染源头控制，提升对生产经营场所用水、排水等全过程管理水平。对‘散乱污’场所不搞‘一刀切’，采取措施‘关停取缔一批、整合搬迁一批、升级改造一批’（以下简称‘三个一批’，见表9-3），为我市全面剿灭黑臭水体提供保障。”

表9-3 广州市“散乱污”场所分类处置标准

类别名称	处置标准
关停取缔	基本做到“两断三清”
整合搬迁	要加强排污监管，并由各区政府组织综合评估，评估认为经整合可以达到相关管理要求的，要按照产业发展规模化、现代化的原则，制订工作计划，筛选一批村级工业园区（产业集聚区），依法限期整合搬迁进驻工业园区（产业集聚区），并实施升级改造，依法办理审批或登记等手续
升级改造	要加强排污监管，规范用水用电行为，依法限期进行整改，并按照程序补办相关审批或登记手续，纳入日常监管范围

2019年，在总结过去十年城市更新工作时，广州创新性提出把城市当作“有机生命体”进行系统规划，统筹推进旧城、旧村、旧厂改造与专业批发市场、物流园、村级工业园整治提升和违法建设拆除、黑臭水体治理和“散乱污”企业整治等九项重点工作。这进一步升级了广州城市更新工作的定义，广州市城市更新工作由过去的“三旧”改造发展为九项重点工作。“散乱污”企业治理也作为其中一项工作，正式纳入城市更新工作版图内。

2020年8月，中共广州市委十一届十一次全会审议通过《关于深化城市更新工作推进高质量发展的实施意见》《广州市深化城市更新工作推进高质量发展的工作方案》。随后，广州陆续出台系列配套指引，对以上两个文件进行细化落实，形成“1+1+*N*”新一轮城市更新政策体系。这是广州对新一轮城市更新工作的政策部署。《广州市深化城市更新工作推进高质量发展的工作方案》在“三年行动方案”中明确提出：“在2020年底基本完成‘散乱污’工业企业（场所）整治工作的基础上，健全动态监管长效机制，对全市‘散乱污’工业企业（场所）发现一宗整治一宗。”

（二）“散乱污”治理政策的治理目标

在“1+1+N”新一轮城市更新政策体系的指导下，近几年广州市城市更新工作围绕实现“老城市新活力”和“四个出新出彩”，继续探索推进城市有机更新路径。“散乱污”场所综合治理，作为一项需要持续发力、久久为功的工作，近两年在国家、省、市政策层面也一直备受关注。例如，2021年2月，国务院印发《国务院关于加快建立健全绿色低碳循环发展经济体系的指导意见》，再次从国家层面对“散乱污”的治理提出要求，在“健全绿色低碳循环发展的生产体系”的“推进工业绿色升级”部分指出“完善‘散乱污’企业认定办法，分类实施关停取缔、整合搬迁、整改提升等措施”。广州市“十四五”规划中对城市更新提出明确工作要求，提出“推进城市有机更新提质增效”，并在“强力推进‘三乱’整治”中对“散乱污”综合治理进行清晰规定，要求“加强违法建设、黑臭水体、‘散乱污’场所等‘三乱’整治，消除安全隐患，改善人居环境”“结合‘三旧’改造、‘三园’转型，持续大力排查和整治‘散乱污’场所”。对系列有关“散乱污”场所综合治理的政策进行梳理总结，我们可以发现相关政策主要围绕实现“城市有机更新”进行，期望通过综合整治行动，改善生态环境、升级产业结构、优化城市功能品质。

第一，改善生态环境。“散乱污”场所有些以违法小作坊或者缺乏响应环保手续等形式存在，生产过程产生的废气、废水、废料、粉尘等通常都未能按照国家标准设置相关配套设施进行治理，污染物无序无组织排放，对周边的大气环境、水环境、土壤环境等造成明显的污染与破坏，是以“劣币驱逐良币”、牺牲周边生态环境质量获取经济效益的模式开展经营活动。良好生态环境是最普惠的民生福祉。[①]对“散乱污”场所进行综合整治，是对民众的良好生态环境权益的维护。对“散乱污”场所的分类处置，最直接的效果就是周边水环境、空气质量的改善。

第二，升级产业结构。不管国家、广东省还是广州市关于“散乱污”场所的综合治理措施，都对“散乱污”场所的治理提出了“分类处置”的要求，并对“分类处置”的标准进行了详细划分。对标准进行分析，我们可以发现，相关政策均是围绕产业结构调整优化来进行的。例如，广东省对“关停取缔”的处置标准是，对不符合国家或省产业政策、依法应办理而未办理相关审批或登记手续、违法排污严重的工业企业（场所），达到法律规定应停产、停业、关闭情节的，坚决依法进行查处。持续开展“散乱污”场所综合治理，是淘汰落后产能，为新动能提质增效拓展空间的过程，能够助力产业结构调整升级，为绿色经济、高质量发展奠定良好的产业布局。

第三，优化城市功能品质。2020年，党的十九届五中全会审议通过的《中共中央关于制定国民经济和社会发展第十四个五年规划和二〇三五年远景目标的建议》明确提出实施城市更新行动。2021年，城市更新首次写入政府工作报告。与过去的旧城改造不同，现在的城市更新理念强调的是“城市有机更新”，更加尊重、顺应城市发展特点，更加注重人与空间、人与城市之间的关系，强调的是因地制宜，妥善处理好更新过程中人与环境、产业与环境、人与城市、产业与城市之间的关系，旨在达到改造区域环境与城市环境之间的和谐统一，促进城市高质量发展。因此，“散乱污”场所综合治理，作为城市更新重点工作之一，本质上是通过对区域人居环境、产业结构的改进，改善城市面貌，优化城市功能品质，进而提升城市治理的现代化水平，为城市经济产业、功能转运提供可持续发展的动能。

---

① 《学习习总书记重要论述：良好生态环境是最普惠的民生福祉》，http://politics.people.com.cn/GB/n1/2018/0921/c1001-30307963.html.

二、“散乱污”场所综合治理的广州经验

自2018年8月启动新一轮“散乱污”场所清理整治工作以来，广州市工业和信息化局会同广州市生态环境局采取“源头治理、全面推进、分类处置、分步实施、智慧监管”的工作思路，创新使用电力大数据分析等信息化手段实施智慧监管，落实各区属地管理责任和镇街主体责任，形成了“上下联动、部门联动”的工作机制，取得了一定的工作成效，并建立常态化治理机制。

1. 注重数字技术赋能，创新使用智慧化监管手段

“散乱污”场所因规模小、环保手续和注册手续不齐全、环境污染严重等特征，往往藏匿于环境较差、空间结构复杂的城中村或者城乡接合部地区，位于政府规划的工业园区之外，具有隐匿性强、难发现、易搬迁等特征。因此，执法人员很难在短时间内找到并清理这些“散乱污”场所，且很难全部掌握这些场所的具体信息。这就导致在“散乱污”场所综合治理初期，工作效率较低，基层工作人员疲于奔命、清理整顿难度大。

为了提高效率，精准定位“散乱污”场所，广州市工业和信息化局联合广州市供电局下属广州穗能通综合能源有限责任公司搭建了“散乱污”场所大数据监控系统。一方面，工业生产往往会大量耗电，这些“散乱污”企业多数为非法经营，难以报装工业用电，因而，很多企业采用的用电方式是偷偷使用民用电力。另一方面，由于“散乱污”场所的“工业生产特性”，在用电量规模、时间波段等方面，与居民用电存在很大差异。通常“散乱污”场所用电量异常巨大且用电的峰谷值也和普通居民用电不一样，居民的用电高峰通常在傍晚，“散乱污”场所用电根据企业特性又出现各自特征，有的白天一直很高，有的集中在早上。结合“散乱污”场所的这一显著特征，广州市工业和信息化局提出整合用电、政务数据等信息，根据“散乱污”场所的电力数据特点、地理位置，用大数据手段对各区、镇（街）、村、工业园区的用电等情况进行统计、分析和监测，并通

过信息化手段完善客户的地理位置信息做好地址结构化，让电力用户数据与政府公安部门登记的标准门牌一致，形成疑似“散乱污”场所数据。街镇的工作人员拿着疑似的“散乱污”场所清单，可以进行有针对性的一一排查，极大改变了以往“无头苍蝇乱撞”的工作状态，排查效率显著提升。据调研了解，以往参与治理“散乱污”场所的街道工作人员每人要排查580个场所，通过“散乱污”场所大数据监控系统分析出疑似清单后，他们平均每天排查26个就可以了。例如，白云区太和镇区域面积大，一半是山区，规模小、转移快的“散乱污”场所隐匿在民宅之中，隐蔽性非常强，单纯依靠人工手段排查非常难，现在依靠大数据监控系统提供疑似“散乱污”场所的当地用电大户名单，执法人员排查工作变得更加精准。

除了大数据分析筛选疑似“散乱污”场所清单外，广州市工业和信息化局还通过“散乱污”场所大数据监控系统，实现可持续性监管。过去在“散乱污”场所综合治理中，由于场所数量多且分散、执法人员数量有限，“散乱污”场所整治后，很容易出现死灰复燃现象，且很难责任到人。为了解决这一问题并实现可持续性监管，还开发了“散乱污”场所大数据监控系统配套的信息报送微信小程序，负责清查治理“散乱污”场所的街道基层工作人员可以利用手机的小程序，按照工作区域进行“抢单”。这样就实现了多个目的：一是工作单责任到人，并可清晰展现处置流程；二是每一级政府都能比较快且准确地掌握自己负责范围内的治理进展，且容易考核评估；三是系统数据实时更新，政府根据“散乱污”场所的基本情况做好归类并持续监控，对于必须断水断电断气、关停取缔类型的，一旦用电数据再次发生异常攀升，系统可以即刻做出预警，避免过去治理中的死灰复燃现象，持续动态巩固整治成果。

“特大城市‘散乱污’大数据智能监管与治理示范性项目”入选国家工业和信息化部2020年大数据产业发展试点示范项目名单，成为民生大数据创新应用领域方向的70个上榜项目之一。

2. 注重厘清职责边界，建立跨界协同联动机制

《方案》对各相关责任主体应当承担的职责范围，进行了明确划分

（见表9-4）。与以往以流域为单位开展综合整治的思路不同，《方案》转变工作思路，对区政府、相关市职能部门、企业、社会组织等主体应当承担的职责范围进行了界定。各区政府承担属地管理责任，督促指导各街镇开展清理整治工作，并承担验收责任；街镇则为落实责任主体，承担起“散乱污”场所摸查、处置等具体工作；市工业和信息化委（现为市工业和信息化局）作为牵头单位，统筹协调全市“散乱污”场所综合整治工作的督办、落实及验收，并组织建设“散乱污”场所信息报送系统和大数据监管系统；市水务局、市环保局、市工商局、市国土规划委、市住房城乡建设委、市城管委等“散乱污”治理工作相关职能局在所属职责范围，承担起相应的治理责任；广州供电局、市水投集团、市区各供水公司等，发挥企业主体责任，提供用水用电等相关数据并甄别异常使用数据，针对不同类型的场所，采取相应的断水断电措施；市循环经济清洁生产协会发挥专业型社会组织的作用，承担起“散乱污”场所清理整治相关培训、动员以及工作方案的编制与验收等职责。

表9-4　广州市“散乱污”场所综合治理相关责任主体的职责分工

主体	职责分工
各区政府	落实强化“散乱污”场所清理整治行动属地管理责任，将强化“散乱污”场所清理整治工作作为政府专项工作纳入议事日程，确保完成年度目标任务；督促指导各街镇组织开展“散乱污”场所排查及清理整治工作；督促指导各街镇制定工作方案，组织对方案开展审核，对街镇整改情况开展验收工作，并将辖区推进各街镇工作开展情况报市工业和信息化委、水务局、环保局；白云区政府及非中心城区政府督促属地供水企业配合各街镇排查生产经营场所用水情况
市工业和信息化委	负责统筹协调全市强化“散乱污”场所清理整治工作，并督办工作落实情况；推进典型街镇建设；牵头制定强化“散乱污”场所清理整治验收办法；组织建设“散乱污”场所信息报送系统和大数据监管系统

续表

主体	职责分工
市水务局	指导并配合各区组织排查生产经营场所用水量、加快污水管网建设并增强“洗管”效果；配合广州供电局建设“散乱污”场所大数据监管系统，将用水等数据接入大数据监管平台；指导市水投集团加快管网建设；配合对各区工作完成情况进行抽查
市环保局	负责对“散乱污”场所清理整治情况进行督查并上报；指导各区彻底查清排污情况（废水、废气等）；督促“整合搬迁”场所和“升级改造”场所落实相关环保措施；督促和指导区环保部门对未办理环保手续、违法排污行为依法严厉查处
市工商局	依法查处无须许可审批的无工商营业执照的“散乱污”场所；积极配合许可审批部门依法严厉查处无证无照的“散乱污”场所
市国土规划委	依法查处“散乱污”场所涉及的违法用地行为，严厉查处违法将饮用水水源保护区内的农用地和未利用地用作非农建设的违法用地行为；违法用地涉嫌犯罪的，移交司法机关依法追究刑事责任
市住房城乡建设委	依法查处“散乱污”场所涉及的房屋违法租赁行为
市城管委	指导各区城管部门依法查处河涌管理范围外的属违法建设的“散乱污”场所；指导各区城管部门配合水务主管部门依法查处河涌管理范围内的属违法建设的“散乱污”场所；违法建设中涉嫌犯罪的，移交司法机关依法追究刑事责任
广州供电局	配合摸清辖区各生产经营场所用电量，甄别异常用电情况，配合执法部门对认定的“散乱污”场所停止供应生产用电；建设“散乱污”场所信息报送系统和大数据监管系统，及时报送用水用电异常情况
市水投集团	加快推进市政污水管网建设；督促下属供水企业配合各街镇排查生产经营场所用水情况；配合执法部门对认定的“散乱污”场所停止供应生产用水
市、区各供水公司	配合各街镇排查生产经营场所用水量；配合执法部门对认定的“散乱污”场所停止供应生产用水
市循环经济清洁生产协会	协助市有关部门、各区政府、街镇开展“散乱污”场所清理整治有关的培训、动员以及工作方案的编制、验收等工作

3. 注重可持续发展，建立常态化综合治理机制

按照《方案》要求，广州市“散乱污”场所清理整治行动要在2020年底基本完成阶段性目标任务（见表9-5）。2018年8月—2020年底，广州市积极推进“散乱污”场所综合治理，按照分类处置标准，关停取缔一批、整改搬迁一批、升级改造一批。经过持续努力，2020年底，全市所有镇街已完成区级“散乱污”场所清理整治验收工作，市检查组已完成两轮抽查工作。

表9-5 广州“散乱污”场所综合治理目标安排

时间节点	工作目标
2018 年	全面启动新一轮“散乱污”场所排查工作，全市所有街镇全部完成强化“散乱污”场所清理整治行动方案编制工作，并通过各区政府审核，11 月 10 日前制定“三个一批”场所清单；年底前完成对污水违法排放的“散乱污”场所的关停取缔，并对消防安全不达标的“散乱污”场所依法查处
2019 年	全市“散乱污”场所“升级改造一批”工作基本完成，“整合搬迁一批”工作取得阶段性进展；9 月底前基本完成“散乱污”工业企业（场所）清理整治工作；年底前完成对废气违法排放的“散乱污”场所的关停取缔
2020 年	全市所有街镇全面完成整合搬迁和升级改造工作，“散乱污”场所清理整治行动全面通过验收，形成较完善的控源、截污、纳管的水污染源头控制体系

“散乱污”场所具有隐蔽性强、易迁移以及在夜间时段进行偷排偷放等特征，经过清理整治后，过一段时间往往容易出现死灰复燃的现象。因而，在巩固现有整治成果的基础上，必须考虑建立常态化的治理机制，争取达到低成本监管、快速响应处置、可持续性治理的效果。基于此，为巩固和扩大“散乱污”场所清理整治成效，构建常态化治理机制，2020年市工业和信息化局牵头印发了《广州市关于建立健全强化“散乱污”场所清理整治长效机制的指导意见》（以下简称《指导意见》），要求各区构建长效机制，开展常态化治理，加强源头管控，排查整治方式从“自上而

下”下发任务为主，转变为“自下而上”自查整治后上报整治结果为主，主要任务目标是“发现一宗，整治一宗”。这意味着，广州市开启了“散乱污”场所常态化治理的新阶段。《指导意见》还对“散乱污”场所进行了详细定义并对清理整治的类型进一步细化，形成了3大类、14种类型（见表9-6），使得分类处置的标准更加符合产业结构优化升级、人民群众生产发展的需求。

表9-6 广州市“散乱污”场所清理整治类型划分

序号	类别	定义	整治类型
1	“散”企业(场所)	不符合产业布局规划，没有按照要求进驻工业园的规模以下企业（场所）	不符合产业政策和产业布局规划、没有按照要求进驻工业园区的规模以下企业
2			不符合国土空间规划的
3			位于一级水源保护区的企业（场所）
4			位于河湖管理范围和水利工程管理范围内的企业（场所）
5	“乱”企业(场所)	不符合国家或者省产业政策的企业，应办而未办理规划、土地、环保、工商、质量、安全、能耗等相关审批或登记手续的工业企业，违法存在于居民集中区的企业、摊点、小作坊	不符合《产业结构调整指导目录(2019年本)》等产业政策的企业（场所）
6			符合产业政策及用地规划，依法应办理而未办理环保审批或登记手续的工业企业(场所)
7			符合产业政策及用地规划，依法应办理而未办理排水许可证的工业企业（场所）
8			符合产业政策及用地规划，依法应办理而未办理安全生产许可证的工业企业（场所）
9			符合产业政策及用地规划，依法应办理而未办理工商营业执照的工业企业（场所）
10			违法存在于居民集中区的企业、摊点、小作坊

续表

序号	类别	定义	整治类型
11	“污”企业(场所)	依法应安装污染治理设施而未安装或已安装污染防治设施但仍不能实现稳定达标排放的企业（场所）	有污染物排放，有环保审批手续，无污染防治设施的
12			有污染物排放，有环保审批手续，污染防治设施不完备的
13			有污染物排放，有环保审批手续，污染物治理设施不能稳定达标排放的
14			有污染物排放，有环保审批手续，污染物排放不符合排污许可要求的

三、“散乱污”场所综合治理面临的挑战

广州作为一个实际服务管理人口超2200万、流动人口超过1000万的超大城市，人口规模大，产业结构多元。在开展“散乱污”场所综合治理过程中，既需要区政府、市级相关职能部门、街镇、企业、社会组织等群体发挥主体责任承担治理职责，又会触及不同群体的利益，矛盾冲突较多且很难实现良好的平衡。

（一）“散乱污”场所的复杂情况与治理成本之间的关系矛盾

“散乱污”场所，尤其是需要关停取缔类型的场所，多数隐匿在空间结构混乱、环境条件较恶劣的城中村或者郊区、农村区域，给治理带来较多困难。

一方面，“脏乱差”的环境导致关停取缔类型的“散乱污”场所治理工作比较困难，且需要付出较高的治理成本，包括沟通协调成本、经济

成本、时间成本等。城中村内公共绿地、体育活动场地、文化广场、停车场等公共空间设施缺乏，卫生环境差，卫生死角多。同时，城中村基础设施不完善，村内道路狭窄，管道天然气、通信网络及地下管网建设滞后，违建多，在排水、消防、抗震、抗台风等方面存在大量隐患。但是，城中村居民的新增居住需求，加上房屋出租的巨大利益诱惑，导致城中村在改造过程中仍然不断产生新的违章建筑，这就为“散乱污”场所的隐匿、迁移、夜间作业等提供了极为便利的条件。因此，在“散乱污”场所治理过程中需要付出较多的时间成本去摸查，开展关停取缔、环境治理等工作的沟通协调成本也较多。

另一方面，对于需要整合搬迁和升级改造的“散乱污”企业，治理过程中面临着更多挑战性的工作，包括沟通协调、工业园区选址、技术升级资源供给、环保等相关证件手续的办理等。对于需要整合搬迁的企业，基层政府需要对企业的基本情况进行摸查，对应国家、省、市相关治理标准和产业布局，协调该类企业迁入合适的产业园区。对于升级改造类企业，基层政府面临更多的治理困难，比如，街镇政府难以为企业的升级改造提供技术支持与指导，需要区级或者市级层面帮助寻找相应的技术渠道，因而，多数只能提供环保等相关证件手续的办理指引。

（二）“生计型类企业”与“散乱污”场所治理之间的关系矛盾

“散乱污”场所的提法始于2017年，国家开始对工业企业进行综合治理而提出来这个概念。但实际上，“散乱污”场所的存在远早于此，在这之前，“散乱污”企业是“乡镇企业”的重要构成，是改革开放后民营经济快速发展、工业制造业规模扩张带来的产物。在这些“散乱污”场所中，有一类场所具有明显的生计属性，受到社会的广泛关注，有学者将其称为“生计型类企业”[①]，此类型的“散乱污”场所，是从业者赖以生存的经济来源，并且与从业者的生活息息相关，影响着从业者的人脉、社交关系、婚姻选择、子女教育等，已经逐渐从一种经济活动演变为涉及多方面要素的文化形态，对村民的思想观念、生活习惯等产生根深蒂固的影响。

这类“生计型类企业”，多以家庭作坊的形式存在，呈现出一些比较显著的特征。一是散布于城中村或者农村、城郊等区域，隐蔽性较强，很难发现。二是多以家庭院舍、老旧居民楼、城中村自建楼等空间为工作场所，不符合本地政府的产业规划布局，被定义为违规经营企业。三是机械设备、生产工艺大部分比较简单、低端，污染防治设备设施基本没有或者相当简陋。四是通常无生产经营合法证照，没有办理相关环保手续，违法排放未达标的污染物质，涉及违法用水用电、用地或空间建设，严重者涉嫌环境领域违法犯罪。五是依托这一场所，家庭有了稳定的经济来源，非农业经济收入成为家庭财产的重要组成部分甚至是唯一来源，并且依托这样的生产形式，家庭与同村或者周边的同类型场所、生产链及供应链相关的上下游场所产生连接，对家庭的社交关系、婚姻选择、子女教育等生活实践产生思想与文化层面的深刻影响。

按照国家、省、市关于“散乱污”场所的分类处置标准，这类“生计型类企业”多数被归类为“关停取缔”的范畴。然而，此类企业的谋生属性，使得场所被关停取缔后，相关家庭缺乏生计来源；这些家庭式作坊因为缺乏必要的污染治理设备和技术、资金等条件，又很难达到国家规定的排放标准，会对周边的大气环境、土壤环境、水环境等产生严重的破坏。因此，这种“生计型”的“散乱污”场所的谋生属性与环境保护之间，很容易碰撞出强烈的矛盾冲突，成为“散乱污”场所综合治理中个体层面经济需求与政府层面环境保护要求之间的主要矛盾。

---

① 李阳、肖晨阳：《“散乱污企业”的生计属性——基于华北农村地区的案例研究》，《南京工业大学学报（社会科学版）》2020年第2期。

这种类型的“散乱污”场所从业者及周边相似的当地人组成生产方式相同的群体，通过家庭作坊式的生产方式，将家庭成员也纳入生产过程中，逐渐形成对这种较低的生产力水平的普遍认可，并未意识到资源的日益枯竭及（此类生产生活方式）对生态环境造成的严重破坏。同时，基于代际传递，这种对生产方式的文化普遍认可，又会传递到下一代，下一代的劳动技能大多向上一代习得，在潜移默化中下一代认为这是一种理想的生活方式，认为既能够通过家庭作坊式的灵活运营取得稳定且较满意的收入，又可以自由安排家庭活动。因此，对于从业者来讲，这种经营方式是具有合理性的，解决了就业问题、获得了稳定收入，且对当地经济发展也有贡献，得到周边人群的认可。也就是说，这种“生计型类企业”带来的环境污染、生产方式低端化等问题，被从业者个体、周边的村民甚至当地政府有意或者无意地忽略了。对于政府来讲，在从业者及周边人群已经建立起普遍认可的文化认同背景下，开展“散乱污”场所综合整治，通常会遇到极大阻力，即便通过各种强制措施能够实现短期内的清理，但一段时间后，当从业者认为“风声不紧”的时候，这样的“生计型类企业”又会“春风吹又生”，再次悄然崛起，政府与从业者之间形成“打游击战”式的治理关系。

（三）“散乱污”场所清理整治与经济发展之间的关系矛盾

对于“散乱污”场所清理整治造成的停产限产现象，社会上有些观点认为，这会对相关行业造成巨大的冲击，关停淘汰或暂停生产进行整改升级带来的产量降低会导致企业承受经济损失，对本地的生产值会产生直接的负面作用。还有一些观点认为，“散乱污”场所综合治理付出了巨大的成本，包括时间成本、沟通协调成本、投入的人力成本、开展治理工作的财政成本等，加之一些企业被暂停生产进行升级改造导致的经济损失，是不是有些得不偿失？这些观点表达的潜在的核心问题在于：如何平衡“散乱污”场所整治与经济发展之间的关系？这个问题，一直以来都存在很大的争议，尤其是在“散乱污”场所治理力度较大的一段时间。关于二者关系的平衡，需要从以下几个方面去厘清。

第一，“散乱污”场所的综合治理，必然会对不达标企业、缺乏合法证件手续企业、对环境污染严重的企业、违反法律规定的企业造成较大的冲击，甚至有一些对环境污染大且生产制造技术水平较低的低端制造类场所被关停淘汰，这是经济发展的必然规律。这背后表现出的根本逻辑是：“散乱污”场所的综合治理，是对黑色生产值的严厉打击，是为了鼓励扶持合法企业生产的绿色。习近平总书记在《之江新语》中提出过：“我们既要GDP，又要绿色GDP。”①因此，认识“散乱污”场所综合治理与经济发展之间的关系，首先要搞清楚治理的目的。

第二，“散乱污”场所创造的生产值，是以牺牲环境为代价的，环境成本没有体现在“散乱污”场所生产经营的成本体系内，因此，“散乱污”场所赚取的利润本质上是靠牺牲环境得来的。以大量的资源消耗、环境污染为基础建立的经济增长机制，是不可能长久的。从成本体系进行计算，我们会发现，如果购买符合环保领域排放标准的污染物防治设备设施，会花费大量的金钱，让“散乱污”场所难以赚取这样大的利润甚至会亏损倒闭。这也就意味着，过往这些“散乱污”场所能够长期存在，主要靠牺牲环境质量来赚取利润。对“散乱污”场所开展综合整治，必须向社会、企业、新闻媒体、公众等社会群体宣传解析该项治理政策产生的根本原因，化解社会对该治理政策的错误解读。

第三，对“散乱污”场所的综合整治，短期来看，可能会对本地相关行业的上下游产业链、生产总量产生一定程度的影响；长期来看，开展综合整治，是对本地产业布局、产业结构的优化升级，深层次上来讲，是为了激活生产要素，促进新旧动能转换，改善环境质量，提升城市功能品质，推动城市高质量发展。例如，据统计，2017年，“2+26”城市针对“散乱污”企业的整治，对$PM_{2.5}$浓度下降贡献率达30%，切实改善了民众生

① 习近平：《之江新语》，浙江人民出版社2007年，第53页。

活周围的大气环境质量。[①]对“散乱污”场所的治理，也是供给端结构性改革，有助于促进产业结构转型，解决“散乱污”行业发展中低端制造业聚集阻碍产业结构优化的问题。生态环境质量的改善、产业结构的转型，都是为了推动城市的高质量发展。因而，对“散乱污”场所综合治理与经济发展之间关系的平衡，也要从短期、长期视角去分析，坚持长期主义的治理理念，积极纠正社会层面一些个体的偏颇性认识。

第四，对“散乱污”场所的综合整治，并不是对市场秩序的扰乱，实际上是对市场秩序的维护，营造公平公正的市场秩序，也是法治中国建设的组成部分之一。党的十九大强调，使市场在资源配置中起决定性作用。市场决定资源配置，这是市场经济的一般规律。但是，这并不意味着市场起全部性作用。不能用市场在资源配置中的决定性作用取代甚至否定政府作用，也不能用更好发挥政府作用取代甚至否定使市场在资源配置中起决定性作用。[②]“散乱污”场所在行业发展中，因成本低廉特征，往往会对正常的市场秩序产生负面影响，形成“劣币驱逐良币”的结果，合法经营企业受低廉的市场价格影响难以获取合理的利润。长此以往，合法经营企业资金链紧张，形成亏损导致倒闭停业。因此，从这一视角理解，“散乱污”场所的综合整治，实质上是对公平公正的市场秩序的维护，是鼓励企业遵法、守法经营的有效措施。

四、广州“散乱污”场所综合治理的典型案例

全市各区为推进“散乱污”场所整治工作，开展了诸多创新性举措，以实际行动回应民生关切，形成了一些典型案例。

① 央广网：《治理散乱污导致企业经济损失过大？环保部回应》，https://baijiahao.baidu.com/s?id=1593535632105968806&wfr=spider&for=pc.

② 《“五位一体”谱华章：习近平新时代中国特色社会主义思想学习问答（26）》，https://politics.gmw.cn/2021-08/23/content_35099974.htm.

（一）黄埔区大沙街“散乱污”场所综合治理

黄埔区的丰乐北路，连接着老黄埔区域和广州科学城、中新知识城等新兴区域，是一条交通要道。由于交通便利、成本低廉等，这边“散乱污”场所密集扎根，大货车停车、大排档、物流堆场、修车档等各种作坊密布，噪声大、油烟多、味道刺鼻、交通堵塞。作坊流出的油污、产生的废水，都排进了旁边的乌涌左支涌，河水污浊难闻、河道生态环境恶劣。周边整体人居环境较差，严重影响周边居民的生活和工作质量。周边街坊群众意见较大，经常到街道投诉。为回应街坊诉求，街镇开展“散乱污”场所清理整治工作。

据调研了解，该区域“散乱污”场所占用紧缺土地资源面积较大，但产出低、贡献小，降低周边群众日常生活质量。通过开展“散乱污”场所综合治理，减少污染源头，河涌两岸生态环境得到改善，噪声、灰尘等污染减少，周边居民生活环境质量得到极大改善。同时，通过丰乐北路的拓宽改造工程及沿线低效用地收储工作，大沙街辖区涉及“散乱污”70宗地块被锁定，面积约71万平方米。截至2021年12月，已整治收回69宗，占地面积约68万平方米，拆除建筑面积约25万平方米；关停搬迁“散乱污”企业99家，清出低端经营户183家。“散乱污”场所清理完毕后，雅居乐集团和大沙街横沙股份经济联合社合作开发商业项目，建设绿道和商业综合体，乌涌左支涌旁新建了绿道，区域整体实现了绿化美观、交通便捷、宜业宜居，得到群众的广泛赞誉。

此外，随着城中村改造和重点项目推进，横沙、姬堂两个社区的经济状况也发生变化，处于稳步增长状态。与2017年相比，2018年两个村的人均股份分红都增长了20%以上，其中横沙社区增长21.38%，姬堂社区增长20.24%。据了解，在收回的68万平方米地块上，有两个项目已组织实施：一个是雅居乐黄埔创新中心项目，将建设集产业孵化器、工业研发等多种业态的一站式产城融合项目；一个是丰乐北横沙村级工业园升级改造项目，由黄埔区区属国企高新区集团下属乙丰公司与横沙社区合作，将建成集人工智能科技服务、战略性新兴产业等人工智能（AI）创新智造集聚区。

（二）白云区太和镇“散乱污”场所综合治理

白云区是“散乱污”场所分布较为密集的区域，清理整治压力大。白云区太和镇面积约220平方千米，相当于天河区、越秀区、荔湾区三区面积的总和。镇内分布着3万余个生产经营单位，一些“散乱污”场所规模小、转移快，部分甚至藏匿于民宅之中，隐蔽性非常强。针对辖区内“散乱污”企业数量多、分布广，以及个别企业白天关门，夜间、节假日偷排的特点，太和镇党委、镇政府针对整治形势做分析研判，组建了一支经济事务综合监察管理大队（以下简称“综合监察管理大队”）。大队分为6个中队，其中5个中队按照网格化划分，管理各自的管辖区域；另外1个中队则专门对全镇物流场所进行监控，队伍中配备具专业环保知识与技术的专职环保员40人。同时，大队建夜间、双休日巡查机制，确保每天晚上、每个节假日都有巡查员在岗。

在治理的过程中，镇政府考虑到不能因为治理环境而降低经济发展水平，提出要注重平衡综合整治与民生保障之间的关系。对于摸查后为“散乱污”的989家企业，综合监察管理大队进行甄别，分类处置，尤其是对于一些资质好的、有条件进行升级改造的企业，努力帮助其通过升级改造达到合规标准。例如，太和镇辖区内有一家广告器材公司，2016年被认定为广东省高新技术企业，是太和镇的纳税大户。但是，在“散乱污”场所摸查中，该公司被列为“小升规”目标企业。为了帮助该企业完成升级改造，综合监察管理大队指导其办理环保手续，完成转型升级，成功挽留住该技术企业。同时，对于一些取得了工商经营许可证，但没有办理环保证件的企业，综合监察管理大队都会指导其转型升级，完善环保手续。

后　记

实施城市更新行动是以习近平同志为核心的党中央站在全面建设社会主义现代化国家、实现中华民族伟大复兴中国梦的战略高度，对进一步优化城市功能布局、提升城市发展质量做出的重大决策部署。近年来，广州深入学习贯彻习近平总书记关于做好城市工作的重要论述和系列重要指示批示精神，在城市更新工作中坚持以人为本，坚持可持续发展，坚持一切从实际出发，贯通历史现状未来，统筹人口资源环境，让历史文化与自然生态永续利用、与现代化建设交相辉映，致力于将城市更新作为立足新发展阶段、贯彻新发展理念、服务构建新发展格局的重要抓手，推动城市更新九项重点工作取得了较好成效。面对新形势新要求，广州如何在已有成绩和优势的基础上继续先行先试，率先作为，打造新时代城市更新的“广州范例”，为全国积极稳妥、系统有机推进城市更新提供广州经验，具有重要的现实意义。本书立足于广州城市更新的生动实践，对城市更新的理论内涵、实践逻辑与发展趋势进行了系统的梳理与阐释，希望能为城市规划、建设、管理理论与实际工作者探索符合城市发展规律与特点的城市更新之路提供参考和借鉴。

本书是中共广州市委党校教师集体智慧的结晶。本书各章节写作的具体分工如下：万玲负责撰写导论、第二章、第四章、第五章，吴菲负责撰写第一章，王玉负责撰写第三章，李强负责撰写第六章、第七章，王芬负责撰写第八章，平思情负责撰写第九章。另外，万玲负责了本书的统稿、定稿工作。本书的出版得到了中共广州市委党校常务副校长孟源北、副校长丁旭光和黄丽华等领导，以及科研处同志的大力支持。本书的写作还参阅借鉴了国内外多位专家学者的研究成果。在此一并表示衷心感谢！

由于水平有限，本书的研究成果还很不成熟。若有疏漏之处，敬请各位专家和读者不吝赐教！

万 玲

2022年4月29日于广州